Galería 2

de lengua y cultura

Destrezas integradas

VISTA®
HIGHER LEARNING

Boston, Massachusetts

Photography and Art Credits

M1: 2: (t) Maria Eugenia Corbo; (b) F11photo/Deposit Photos; 3: Marcobonfanti/123RF; 7: Kropic/Deposit Photos; 8: (t) Actionsports/Deposit Photos; (b) Konstantin Shaklein/Alamy; 9: (t) Courtesy of NASA; (b) Paul Fleet/Deposit Photos; 13: Elenarts/Deposit Photos. M2: 2: (t) Andreus/Deposit Photos; (b) Fotola70/Fotolia; 3: Cultura Creative/Alamy; 7: Johan Swanepoel/Deposit Photos; 8: (t) Furian/Deposit Photos; (b) Ondrej Prosicky/Deposit Photos; 9: Tbradford/Getty Images; 13: Foto4440/Deposit Photos. M3: 2: Ronald Wittek/Imagebroker/Alamy; 3: Jesue92/Deposit Photos; 7: Demaerre/iStockphoto; 8: (t) Tom Delano; (b) Galina Savina/Shutterstock; 9: (t) Tom Delano; (b) Alan Phillips/Getty Images; 13: AGE Fotostock/Alamy. M4: 2: Tomas Griger/123RF; 3: (t) Tomas Griger/123RF; (b) Photobank Gallery/Shutterstock; 7: BeachShooter Alamy; 8: (t) Vilainecrevette/123RF; (bl) Amanda Nicholls/Shutterstock; (br) Richard Carey/Fotolia; 9: (t) Muuraa/Shutterstock; (b) Vilainecrevette/123RF; 13: Richard Carey/Fotolia. M5: 2: Vchal/Shutterstock; 3: Surasak/Deposit Photos; 7: Cultura Creative (RF)/Alamy; 8: Francisco de Casa/Alamy; 9: (t) Martchan/Shutterstock; (b) Tom Delano; 13: Tom Delano. M6: 2: (t) Rebvt/Shutterstock; (b) Raphspam/iStockphoto; 3: (t) Mar Photographics/Alamy; (b) Natalia Melnychuk/Shutterstock; 7: Kirill Ryzhov/Alamy; 8: (t) Don Mennig/Alamy; (b) Rainer Lesniewski/Alamy; 9: (t) Cultura Creative/Alamy; (b) Iaranik/Alamy; 13: Iaranik/Alamy; M7: 2: SUSA; 3: Vladimir Korostyshevskiy/Shutterstock; 7: Ritu Jethani/123RF; 8: Soft_light69/Deposit Photos; 9: Carolina Zapata; 13: Martin Bernetti. M8: 2: (t) Johnny Lye/iStockphoto; (b) Paul Springett 05/Alamy; 3: Blake Bronstad/Snapwire; 7: Aeydenphumi/Deposit Photos; 8: Wollertz/Deposit Photos; 9: Siempreverde22/Fotolia; 13: Kseniya Ragozina/Alamy.

ISBN: 978-1-54330-784-9

3 4 5 6 7 8 9 WC 24 23 22 21 20 19

Contenido

Contenido

Galería de lengua y cultura es un programa que promueve el desarrollo de destrezas de razonamiento crítico, a la vez que incentiva a los alumnos a buscar y explorar sus capacidades y talentos particulares. El programa se presenta dentro de un marco de aprendizaje del español como lengua de herencia en el que los alumnos adquieren, practican, repasan y refuerzan aspectos y perspectivas que reafirman sus conocimientos sobre temas relevantes de su vida diaria, su entorno académico y su identidad cultural.

El cuaderno de **Destrezas integradas** está orientado hacia el repaso y refuerzo de las destrezas de lectura, comprensión, vocabulario, gramática y composición en la misma secuencia en que se presentan esas destrezas en los módulos del programa. Pero a la vez, los alumnos amplían y enriquecen sus competencias al explorar textos informativos de ciencia, tecnología, ingeniería y matemáticas (STEM) relacionados con los temas de cada módulo. Estas actividades se recomiendan para repasar o reforzar las destrezas de comprensión de lectura y de vocabulario en contexto, y para repasar las destrezas de gramática presentadas en la Fase II del libro del alumno.

Las actividades de este cuaderno permiten a los alumnos mejorar sus habilidades de resolución de problemas, invitándoles a reflexionar y a considerar información presentada en los textos, en las instrucciones y en los ejemplos. Al aplicar un raciocinio basado en experiencia personal y conocimientos previos, los alumnos pueden desarrollar estrategias que les permiten lograr la competencia necesaria en los estándares asignados para cada módulo de estudio.

Los ocho módulos y la organización de destrezas que se practican en este componente están alineados a las regiones y destrezas que se presentan en *Galería de lengua y cultura 2*. Sin embargo, este cuaderno se puede utilizar en cualquier programa de español en el que se requiera hacer conexiones a ciencia, tecnología, ingeniería, matemáticas y estudios sociales; áreas del currículum que son también útiles para promover el desarrollo del español como lengua de herencia o como lengua mundial.

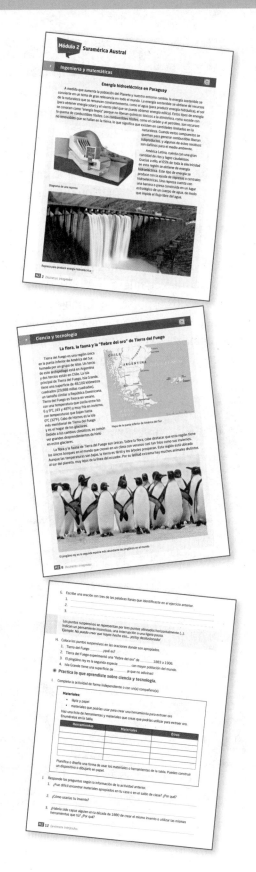

La ingeniería y la Revolución Industrial

La Revolución Industrial fue una época del siglo XIX que se caracterizó por la invención, fabricación y desarrollo de productos y artefactos que revolucionaron la vida de las personas e impulsaron el desarrollo del país. Antes de esta época todo se creaba a mano o con la ayuda de máquinas simples. La invención y el desarrollo de nueva maquinaria hizo que mejoraran los procesos de trabajo y que los productos comenzaran a fabricarse con mucha más rapidez. Esto dio lugar al incremento de fábricas y al desarrollo de ciudades.

Antes de la Revolución Industrial se transportaba la mercancía en vagones arrastrados por caballos.

El barco de vapor facilitó el transporte de carga y agilizó el comercio.

La revolución en el transporte

La Revolución Industrial tuvo gran impacto en el transporte. Antes de ese periodo, se solía transportar la mercancía en vagones arrastrados por caballos o en barcos que navegaban por canales y ríos. Estos traslados eran lentos debido a la escasez de mano de obra y a las fuertes corrientes de los ríos. A finales del siglo XVIII y principios del siglo XIX, el transporte y el comercio se agilizaron con la invención del barco de vapor.

La maquinaria de vapor ha sido una de las grandes invenciones de la ingeniería. Esta permite que los barcos sean trasladados por grandes calderas, las cuales generan vapor y mueven una rueda de paletas que revuelve el agua y, así, se impulsa la embarcación. Estos barcos agilizaron el traslado de carga y, con el tiempo, permitieron a las personas viajar a través de los océanos.

El tren de vapor también facilitó el transporte de carga y de personas al oeste de Estados Unidos, territorio de difícil acceso en esos años y muy codiciado durante la fiebre del oro.

Las aportaciones del Cuerpo de Ingenieros

El ejército de Estados Unidos creó el Cuerpo de Ingenieros como una rama de las fuerzas armadas el 16 de marzo de 1802. Con el tiempo, el Cuerpo de Ingenieros ha tenido responsabilidades militares y cívicas. Ha realizado cambios a favor de la defensa nacional y ha sido responsable del desarrollo costero mediante la construcción de embarcaderos, puertos y muelles. Esta agencia ha hecho estudios de suelo en carreteras y canales para facilitar la navegación por todo el país. Ha sido responsable de explorar y cartografiar la frontera occidental de Estados Unidos, y de construir edificios y monumentos en Washington, D.C. Recientemente esta rama de las fuerzas armadas se ha convertido en la agencia líder en el control de inundaciones, y tiene a su cargo la construcción y operación de presas, el suministro de energía hidroeléctrica, y la mitigación y atención de desastres naturales.

Uno de los mayores logros del Cuerpo de Ingenieros ha sido su trabajo en canales, ríos y carreteras. Antiguamente el método principal para el transporte de mercancía a diferentes partes del país solía ser la vía fluvial. Sin embargo, los bancos de arena, las rocas y otros peligros supusieron grandes obstáculos para los viajeros. El Cuerpo de Ingenieros transformó los ríos, lagos y otros cuerpos de agua en caminos navegables para los barcos de carga.

Entre 1907 y 1914, la agencia participó en una de las hazañas de ingeniería más sorprendentes de la historia: la construcción del Canal de Panamá. El canal es un intrincado sistema de esclusas, diques, lagos y excavaciones que fue diseñado para elevar los barcos a través de las montañas de Panamá y bajarlos a las bahías costeras. La construcción del canal permitió que los barcos viajaran entre los océanos Atlántico y Pacífico de manera mucho más fácil y rápida.

En el siglo XIX, el Cuerpo de Ingenieros también construyó carreteras. La más famosa de esa época fue la Carretera Nacional, construida entre 1811 y 1841. Se extendía desde Maryland hasta Illinois.

Esta agencia también construyó el primer puente en el país, una superestructura de hierro fundido, de 80 pies, que aún se utiliza. Para 1840, el Cuerpo había supervisado la construcción de 268 millas de carretera con puentes sobre diversos ríos. También supervisó la construcción de ferrocarriles, a principios del siglo XIX. Estudió rutas y colaboró con varias compañías ferroviarias

en la construcción de vías a lo largo de montañas, llanuras y ríos. La primera locomotora de vapor de Estados Unidos comenzó a operar en 1830. Para 1850, se construyeron cerca de 9,000 millas de vías férreas para conectar muchas ciudades a lo largo de la costa este.

El interés de los estadounidenses por la expansión hacia el oeste creció a mediados del siglo XIX con el descubrimiento de oro en California. El Cuerpo ayudó a inspeccionar los terrenos de la zona oeste del río Mississippi, y esto les permitió a las compañías *Central Pacific* y *Union Railroad* construir el ferrocarril Transcontinental que posibilitó los viajes a la costa oeste.

Las matemáticas y la Revolución Industrial

Con la Revolución Industrial también se hizo posible la construcción de más escuelas para la educación primaria y secundaria. Los avances técnicos en la industria y el transporte exigían que los trabajadores aprendieran matemáticas. Tenían que poder interpretar los dibujos y operar maquinarias complicadas. Las matemáticas se convirtieron en una parte integral del currículo escolar para los grados K-12. Esta disciplina fue organizada y estructurada para que fuera más accesible para los alumnos. Algunos de los conceptos que comenzaron a aparecer en esos tiempos fueron: las funciones trigonométricas, los logaritmos y los exponentes.

El Cuerpo de Ingenieros supervisó la construcción de los ferrocarriles, los cuales facilitaron los viajes por todo el país.

◉ **Demuestra lo que comprendiste.**

A. Elige la respuesta correcta.

1. ¿Cuál crees que es la idea principal de esta lectura?
   - ❏ a. La Revolución Industrial impulsó el desarrollo de Estados Unidos.
   - ❏ b. La Revolución Industrial cambió el transporte de las personas.
   - ❏ c. La Revolución Industrial impulsó el comercio por medio de barcos.
   - ❏ d. La Revolución Industrial cambió la forma de enseñar matemáticas en la escuela.

2. ¿Por qué fue importante construir el Canal de Panamá?
   - ❏ a. porque los panameños necesitaban cobrar dinero por el paso de un océano a otro
   - ❏ b. porque los ingenieros estadounidenses y europeos necesitaban obtener un contrato
   - ❏ c. porque así solo Estados Unidos y Panamá podrían pasar de un océano a otro
   - ❏ d. porque así los barcos no tendrían que ir hasta el sur de Suramérica para cruzar

3. ¿Por qué crees que había tanto interés en explorar el oeste del país durante esa época?
   - ❏ a. porque mucha gente quería hacerse rica mediante la búsqueda de oro
   - ❏ b. porque mucha gente quería trabajar en la construcción del ferrocarril
   - ❏ c. porque los avances de la ingeniería provenían de California
   - ❏ d. porque mucha gente quería aprender matemáticas

4. ¿Qué tres logros importantes consiguió el Cuerpo de Ingenieros?
   - ❏ a. la construcción de calderas, ferrocarriles y barcos de vapor
   - ❏ b. la construcción de escuelas, la invención de las matemáticas y la ingeniería
   - ❏ c. la construcción de canales, carreteras y ferrocarriles
   - ❏ d. la construcción de escuelas, canales y esclusas

5. ¿Cómo cambió el currículo escolar después de la Revolución Industrial?
   - ❏ a. Las matemáticas se comenzaron a enseñar desde kindergarten hasta el grado 12.
   - ❏ b. Las matemáticas se comenzaron a enseñar a partir del quinto grado.
   - ❏ c. Las matemáticas se comenzaron a enseñar en la universidad.
   - ❏ d. Las matemáticas se volvieron muy complejas.

◉ **Demuestra lo que sabes del vocabulario y la gramática.**

B. Busca en la lectura las palabras resaltadas que mejor concuerden con cada uno de estos significados y escríbelas al lado del significado correcto.

1. _____: trazar la carta geográfica o hacer un mapa de un territorio
2. _____: muros para contener las aguas
3. _____: aplacar o disminuir
4. _____: trenes; vías del tren
5. _____: recipientes en los que se hierve agua
6. _____: compartimentos de entrada y salida
7. _____: represas; lugares donde se almacena el agua
8. _____: por río; relativo al río

9. _____: provisión; abastecimiento

10. _____: energía producida por el movimiento del agua

C. Identifica las palabras agudas.

❏ 1. vapor   ❏ 4. ingeniería   ❏ 7. barcos

❏ 2. matemáticas   ❏ 5. interés   ❏ 8. creció

❏ 3. región   ❏ 6. esclusas   ❏ 9. férreas

D. Escoge dos de las palabras agudas que identificaste y escribe una oración con cada una.

1. _____.

2. _____.

Las palabras monosílabas generalmente no llevan tilde. Cuando llevan tilde, es para diferenciarlas de otras que tienen la misma ortografía pero distinta función y significado.
Ejemplos: *La Carretera Nacional es la **más** famosa.*
El Cuerpo de Ingenieros trabajó en el transporte marítimo y terrestre,
***mas** no en el aéreo.*

E. Escoge la palabra correcta para completar cada oración.

sé	se	el	él	qué	que

1. Una rueda de paletas revuelve _____ agua para hacer que la embarcación se mueva.

2. El barco de vapor funciona con grandes calderas _____ generan calor.

3. El ingeniero pidió que le entregaran los planos a _____ y no al capitán del ejército.

4. Las matemáticas _____ convirtieron en una parte integral del currículo escolar.

5. Los estudiantes no sabían _____ hacer para diseñar máquinas hasta que aprendieron matemáticas.

6. Voy a estudiar ingeniería o matemáticas en la universidad, pero todavía no _____ cuál de las dos carreras me gusta más.

F. Escoge un par de palabras monosílabas, una con tilde y otra sin tilde, y escribe una oración con cada una.

1. _____.

2. _____.

Los *sustantivos* son palabras que nombran a personas, cosas, lugares, animales, ideas y sentimientos. Las palabras *sustantivadas* son sustantivos que se forman a partir de verbos, adjetivos u otras categorías gramaticales. Con frecuencia se les añade un sufijo.
Ejemplos: *construir →construc**ción**, descubrir → descubri**miento***

G. Escoge la palabra sustantivada que reemplaza al verbo entre paréntesis.

1. El interés de los estadounidenses por la (expandir) hacia el oeste creció a mediados del siglo XIX.

❏ a. expandida   ❏ b. expansiva   ❏ c. expansión

2. La obra de ingeniería creaba la (posibilitar) de unir las costas este y oeste de Estados Unidos.

❏ a. posibilidad   ❏ b. posible   ❏ c. posibilitó

3. El (desarrollar) del transporte por tierra y por agua fue parte de lo que trajo la Revolución Industrial.

❏ a. desarrollando   ❏ b. desarrollo   ❏ c. desarrollador

H. Usa los sufijos del recuadro para formar palabras sustantivadas.

-dad	-dad	-ura	-miento

1. La carretera se construyó en la (parte llana) _____ del estado.

2. Los ingenieros tuvieron la (responsables) _____ de la construcción.

3. Luego del movimiento hacia el oeste, la población de California tuvo un gran (crecer) _____.

4. El estudio de las matemáticas es una (necesitar) _____ en las escuelas.

I. Escribe una oración con cada palabra sustantivada. Luego escribe el verbo del que se formó.

1. movimiento: _____.

2. aprendizaje: _____.

3. educación: _____.

4. embarcadero: _____.

5. estudiantes: _____.

6. diseñadores: _____.

● Practica lo que aprendiste de ingeniería y matemáticas.

J. Haz este ejercicio de forma independiente o con un(a) compañero(a).

Materiales:

• Calculadora o papel y lápiz

Uno de los avances en las matemáticas que trajo la Revolución Industrial fue el concepto de los *exponentes*, también llamados *potencias*.

Por ejemplo, 10 con el exponente 6 (o 10 a la potencia de 6) se escribe 10^6. El 10 es la base y el 6 es el exponente.

10^6 es igual a 10 X 10 X 10 X 10 X 10 X 10.

Resuelve los siguientes problemas de palabras.

1. Si un puente mide 100 metros de longitud, ¿cómo escribirías esa longitud usando una base y un exponente? (Pista 100 = 10 X 10)

   _____

2. En un paquete hay 6 cajas. En cada caja hay 6 cubos, y en cada cubo hay 6 colores diferentes. ¿Cuántos colores diferentes hay en cada paquete? Escribe una base y un exponente.

   _____

K. Imagina que eres un ingeniero en la época de la Revolución Industrial y tienes que responder las siguientes preguntas a los trabajadores: ¿Cómo funciona un barco de vapor? ¿Qué pasos deben seguir para hacer funcionar la máquina? ¿Qué vocabulario especializado deben aprender? ¿Qué materiales tienen que usar? Escribe cuatro o cinco párrafos, de cuatro a seis oraciones cada uno.

Barco de vapor

Máquinas voladoras

Los inventos de los hermanos Wright

Orville y Wilbur Wright eran hermanos y dirigían un taller de bicicletas en Ohio. Fueron ingenieros aeronáuticos autodidactas que diseñaron un biplano en forma de cometa alrededor del año 1900. La diferencia entre este invento de los hermanos Wright y otras aeronaves de la época fue la idea del control de viraje. Esto nunca se había logrado en otros intentos de vuelo con pilotos a bordo. Las alas de la aeronave de los hermanos Wright tenían cables que podían doblarse en direcciones opuestas para que girara y así poder controlar la dirección de vuelo. Este diseño que permitía mover las alas fue llamado "ala giratoria" o "técnica del alabeo".

Máquina voladora de los hermanos Wright

En 1902 los hermanos Wright también desarrollaron otra máquina voladora más resistente, así como un motor y sistema de propulsión que darían el empuje necesario para volar. Intentaron un vuelo tripulado en 1903 y pudieron desplazarse 850 pies en aproximadamente un minuto. Dos años más tarde, su *Flyer III* voló durante 39 minutos y 24 millas. Los experimentos y descubrimientos de los hermanos Wright ayudaron a otras generaciones de ingenieros a desarrollar nuevos aviones y motores para transportar a la gente alrededor del mundo.

La carrera espacial

Después de la Segunda Guerra Mundial, comenzó una carrera entre Estados Unidos y la Unión Soviética para llegar al espacio. Ambas naciones querían ser pioneras en conquistar el espacio y la Luna.

El 4 de octubre de 1957, la Unión Soviética lanzó el primer satélite artificial del mundo llamado *Sputnik 1*. Fue el primer objeto hecho por el hombre y puesto en la órbita terrestre. Esto causó preocupación en Estados Unidos, que temió que la Unión Soviética pudiera dominar la exploración espacial y lanzar un arma nuclear al espacio aéreo estadounidense.

Nave espacial estadounidense

En 1958, Estados Unidos lanzó su propio satélite llamado *Explorer 1*. Pero la Unión Soviética volvió a tomar la delantera en la carrera espacial al lanzar Luna 2, la primera sonda espacial que llegó a la Luna, en 1959.

En 1958, el presidente estadounidense Dwight Eisenhower creó la Administración Nacional de Aeronáutica y del Espacio (NASA), dedicada a la exploración espacial. La NASA comenzó el proyecto *Mercury* con el objetivo de transportar a un estadounidense al espacio. Los ingenieros de Estados Unidos diseñaron una cápsula más pequeña y más ligera que la cápsula *Vostok*, de la Unión Soviética. Después de probar la nave con chimpancés, la NASA realizó un nuevo vuelo de prueba, en marzo de 1961. Sin embargo, los soviéticos se adelantaron otra vez al enviar al espacio al cosmonauta Yuri Gagarin, en abril de 1961, para orbitar la Tierra. Unos meses más tarde, el 5 de mayo, el astronauta Alan Shepard se convirtió en el primer estadounidense en llegar al espacio, aunque sin orbitar el planeta.

Poco después, el presidente John F. Kennedy se fijó el objetivo de lograr que un estadounidense alunizara antes del fin de la década. En febrero de 1962, John Glenn se convirtió en el primer estadounidense en orbitar la Tierra y a finales de ese año, la NASA desarrolló un programa de alunizaje. En diciembre de 1968, la NASA lanzó la misión *Apollo 8*, cuya tripulación orbitaría la Luna por primera vez. El 16 de julio de 1969, los astronautas estadounidenses Neil Armstrong, Edwin Aldrin y Michael Collins viajaron a la Luna en la misión *Apollo 11*. El 20 de julio, Armstrong

Estados Unidos y la Unión Soviética competían por ser los primeros en conquistar el espacio.

se convirtió en el primer hombre en caminar sobre la superficie de la Luna. Su frase al pisar la Luna se hizo famosa: "un pequeño paso para el hombre, un gran salto para la humanidad". La Unión Soviética intentó varios proyectos de alunizaje, pero no tuvo éxito. Los soviéticos no tenían la tecnología para llevar a cabo una misión tripulada a la Luna.

Satélites

La exploración espacial continúa hasta la actualidad. Desde finales de la década de 1960, los satélites se utilizan para transmitir señales de televisión a los hogares. El alunizaje en 1969 fue transmitido en vivo, por televisión, a más de 125 millones de personas. Hoy en día, estos satélites transmiten todo tipo de información a usuarios en todo el planeta.

Los satélites también envían información a los científicos sobre las condiciones de la atmósfera de la Tierra, el estado de la capa de ozono, y hasta datos sobre estrellas lejanas en nuestra galaxia. Otras naves espaciales han sido enviadas para orbitar y cartografiar la superficie de planetas como Marte, Júpiter y Saturno.

Los satélites transmiten información a usuarios en todo el planeta.

La Estación Espacial Internacional

Esta estación fue construida entre 1998 y 2011, y los primeros científicos la ocuparon en noviembre de 2000. Es una enorme estructura donde trabajan científicos de Estados Unidos y de otros países como Rusia, Europa, Japón y Canadá para llevar a cabo experimentos en el espacio. Algunos de los experimentos involucran ratones, gusanos y plantas, y han resultado muy útiles para desarrollar nuevas medicinas y técnicas de cultivo.

Sin duda, las máquinas voladoras seguirán influyendo en el desarrollo de las ciencias y de la humanidad a través de los años.

Demuestra lo que comprendiste.

A. Elige la respuesta correcta.

1. ¿Quiénes fueron los hermanos Wright?

   ❑ a. Fueron dos hermanos estadounidenses que inventaron las primeras naves espaciales.

   ❑ b. Fueron dos hermanos soviéticos que inventaron las primeras máquinas voladoras.

   ❑ c. Fueron dos hermanos soviéticos que inventaron las primeras naves espaciales.

   ❑ d. Fueron dos hermanos estadounidenses que inventaron las primeras máquinas voladoras.

2. ¿Por qué son importantes los satélites para la sociedad?

   ❑ a. porque eliminan la necesidad de armas nucleares

   ❑ b. porque transmiten información que ayuda a mejorar la calidad de vida

   ❑ c. porque ayudan a Estados Unidos en la carrera espacial contra los cosmonautas

   ❑ d. porque sin satélites no hay señales de televisión

3. *Sputnik 1* es un satélite artificial que gira alrededor de la Tierra. ¿Cuál es un satélite natural?

   ❑ a. la cápsula *Mercury*

   ❑ b. la sonda *Luna 2*

   ❑ c. la Luna

   ❑ d. el Sol

4. ¿Por qué quería Estados Unidos ganar la carrera espacial?

   ❑ a. porque quería que todo el mundo tuviera acceso a la televisión vía satélite

   ❑ b. porque quería ser la primera nación en conquistar el espacio, y para defenderse de posibles ataques nucleares

   ❑ c. porque quería demostrar que las personas pueden vivir en la Estación Espacial

   ❑ d. porque quería alcanzar a la Unión Soviética en la Luna

5. ¿Se cumplió el objetivo del presidente Kennedy? ¿Cómo lo sabes?

   ❑ a. Sí, porque se llegó a la Luna en 1969, antes de terminar la década.

   ❑ b. Sí, porque fue el primero en enviar un hombre al espacio.

   ❑ c. No, porque murieron varios astronautas y cosmonautas.

   ❑ d. No, porque no pudieron poner armas nucleares en el espacio.

Demuestra lo que sabes del vocabulario y la gramática.

B. Busca en la lectura las palabras resaltadas que mejor concuerden con cada una de estas definiciones y escríbelas al lado del significado correcto.

1. _____ : avión sin motor con dos superficies que lo apoyan, una encima de otra

2. _____ : nave espacial tripulada pequeña, generalmente en forma de cono

3. _____ : impulso hacia delante

4. _____ : franja de gas en la atmósfera que absorbe la radiación solar y protege la Tierra

5. _____ : vehículo espacial no tripulado

6. _____ : trasladarse, moverse

7. _____ : se posara en la Luna

8. _____ : educados por ellos mismos

9. _____ : instrumento de guerra que utiliza energía atómica

10. _____ : recorrido circular

Los artículos como *el, la, un* y *una* se usan para definir el género y el número del sustantivo.
Ejemplos: *la humanidad, los astronautas, un científico, una misión*

C. Escoge *el, la, un* o *una* para completar cada una de las siguientes oraciones.

1. La capa de ozono se encuentra en _____ atmósfera.

2. Neil Armstrong dijo que "...llegar a la Luna fue _____ gran salto para la humanidad".

3. La Unión Soviética fue _____ país hasta 1991.

4. La delantera de la Unión Soviética en la carrera espacial era _____ situación peligrosa para Estados Unidos.

5. Los hermanos Wright aumentaron _____ interés por volar.

6. Rusia, antes parte de la Unión Soviética, continúa enviando misiones espaciales en _____ actualidad.

7. Hoy en día, _____ primer avión de los hermanos Wright se encuentra en un museo.

8. La Estación Espacial Internacional es _____ estructura enorme.

D. Escribe cuatro oraciones utilizando los artículos *el, la, un* y *una*.

1. _____ .

2. _____ .

3. _____ .

4. _____ .

Los verbos que terminan en *-ger* y *-gir* en su forma infinitiva sufren cambios ortográficos al escribirse, según su conjugación. La *g* se cambia por *j* antes de la vocal *a* o la vocal *o*.
Ejemplos: *La NASA va a ele**g**ir a los astronautas. Es importante que se eli**jan** a los mejores.*

E. Escribe *g* o *j* para completar los verbos en el párrafo.

Para ser astronauta hay que prepararse. Los que esco__en esta carrera empiezan desde muy jóvenes. No les importa cometer errores y que los corri__an. Sally Ride, la primera mujer astronauta estadounidense, se exi__ía mucho en su trabajo. También diri__ió programas en las universidades y escribió libros para niños.

F. Escribe la forma infinitiva de los verbos que completaste en la actividad anterior.
Ejemplo: proteja-proteger

1. _____ .

2. _____ .

3. _____ .

4. _____ .

Algunas palabras tienen *prefijos*. Generalmente, los prefijos nos dan una idea del origen de las palabras. Por ejemplo, la palabra **aero**náuticos es un adjetivo que se refiere a la *aeronáutica*, que quiere decir "navegación aérea". La palabra *náutica* en este caso es un adjetivo por sí solo, mientras que *aero-* es un prefijo.

G. Subraya la palabra con prefijo en cada oración.

1. La Estación Espacial Internacional sigue funcionando hasta hoy.

2. Mucha gente vio la llegada a la Luna por televisión.

3. Los astronautas tienen que estudiar y entrenar mucho.

4. Los hermanos Wright estaban orgullosos de ser autodidactas.

5. Ellos construyeron un planeador biplano.

H. Escribe dos oraciones usando palabras con prefijos.

1. _____ .

2. _____ .

Practica lo que aprendiste de ciencia y tecnología.

I. Escoge uno de los dos temas y completa la actividad relacionada de forma independiente o con un(a) compañero(a).

Tema 1: Los aviones y los planeadores

Los hermanos Wright diseñaron máquinas voladoras conocidas como planeadores y también las que luego se llamaron aviones. Los planeadores y aviones siguen usándose en nuestros días. Averigua cuáles son las principales diferencias y semejanzas entre un planeador y un avión, y completa el diagrama de Venn a continuación.

avión	ambos	planeador
_____	_____	_____
_____	_____	_____
_____	_____	_____

Tema 2: Las naves espaciales

La Unión Soviética y Estados Unidos conquistaron el espacio mediante el envío de satélites artificiales y naves espaciales tripuladas. La nave espacial para tres tripulantes de la Unión Soviética se llamaba *Soyuz*, mientras que la nave espacial para tres tripulantes de Estados Unidos se llamaba *Apollo*. Haz una investigación sobre las dos naves para contestar las siguientes preguntas con oraciones completas.

1. ¿Con qué objetivo fueron diseñadas las naves *Soyuz* y *Apollo*?

   _____

2. ¿Cuál de las dos naves se utiliza todavía?

   _____

3. ¿Con qué propósito se utiliza la nave?

   _____

● ¡Investiga!

J. Investiga sobre el proyecto *Apollo-Soyuz* y escribe un ensayo para responder: ¿Cuál fue la importancia del proyecto *Apollo-Soyuz*? ¿Qué significó este proyecto para las naves *Apollo*? ¿Qué significó este proyecto para la carrera espacial? ¿Qué experimentos se realizaron en este proyecto? Escribe por lo menos cuatro párrafos de cuatro a seis oraciones cada uno y presenta tu trabajo.

Proyecto *Apollo-Soyuz*

_____

_____

_____

_____

_____

_____

_____

_____

_____

_____

_____

_____

_____

_____

_____

_____

_____

_____

_____

_____

_____

_____

_____

_____

_____

_____

_____

Energía hidroeléctrica en Paraguay

A medida que aumenta la población del Planeta y nuestro entorno cambia, la energía sostenible se convierte en un tema de gran relevancia en todo el mundo. La energía sostenible se obtiene de recursos de la naturaleza que se renuevan constantemente, como el agua (para producir energía hidráulica), el sol (para obtener energía solar) y el viento (del que se puede obtener energía eólica). Estos tipos de energía se conocen como "energía limpia" porque no liberan químicos tóxicos a la atmósfera, como sucede con la quema de combustibles fósiles. Los combustibles fósiles, como el carbón y el petróleo, son recursos no renovables que se hallan en la tierra, lo que significa que existen en cantidades limitadas en la naturaleza. Cuando estos compuestos se queman para generar combustible liberan subproductos, y algunos de estos residuos son dañinos para el medio ambiente.

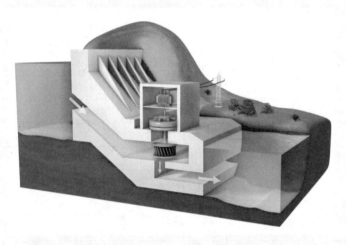

Diagrama de una represa

América Latina, cuenta con una gran cantidad de ríos y lagos caudalosos. Gracias a ello, el 65% de toda la electricidad en esta región se obtiene de energía hidroeléctrica. Este tipo de energía se produce con la ayuda de represas o centrales hidroeléctricas. Una represa cuenta con una barrera o presa construida en un lugar estratégico de un cuerpo de agua, de modo que impida el flujo libre del agua.

Represa para producir energía hidroeléctrica

La represa retiene el agua formando un reservorio o lago artificial y la libera poco a poco por medio de unas compuertas. El flujo de agua que baja por gravedad, en forma de cascada, hace mover las aspas de una turbina, y ese movimiento genera energía. Entonces un generador convierte la energía de la turbina en electricidad.

Cuando los ingenieros diseñan represas, deben realizar muchos cálculos. Una de las fórmulas que utilizan es la ecuación de la energía hidroeléctrica. Esta ecuación permite calcular cuánta energía puede ser generada por el agua que fluye por la turbina y llega al generador. Tú también podrás hacer este cálculo al final de esta lección.

Paraguay genera casi toda su electricidad a partir de centrales hidroeléctricas que utilizan represas. La represa hidroeléctrica más grande de Paraguay es la de Itaipú. Esta es la segunda central hidroeléctrica más grande del mundo y, en el 2016, alcanzó el récord de mayor producción de energía entre todas las centrales hidroeléctricas del mundo, con 103,090,000 megavatios-hora. La represa Itaipú se encuentra en el río Paraná, que atraviesa Paraguay, Brasil y Argentina. El río Paraná mide unos 4,880 kilómetros (3,032 millas) de largo, casi cuatro veces la longitud del estado de California. Es tan grande que se le nombró con la expresión "para rehe onáva", que en el idioma extinto del pueblo Tupi de Brasil significa "pariente del mar". El desarrollo de la energía hidroeléctrica en Paraguay, como el de la represa de Itaipú, lo convierte en un eminente ejemplo en el campo de la energía sostenible.

Aunque la energía hidroeléctrica es un tipo de combustible mucho más limpio que el carbón o el petróleo, también puede liberar gases nocivos de efecto invernadero, como el metano, debido a la materia vegetal que se acumula en las represas y se descompone o se pudre. Sin embargo, en comparación con la cantidad de subproductos liberados al quemar carbón, el impacto negativo en el ambiente es mínimo.

La energía que se obtiene de recursos renovables como el agua (energía hidráulica), el sol (energía solar) y el viento (energía eólica) se conoce como "energía limpia" porque no libera químicos tóxicos a la atmósfera, como sucede con la quema de combustibles fósiles.

● Demuestra lo que comprendiste.

A. Escoge la mejor respuesta.

1. ¿Por qué la energía sostenible es un tema relevante?
   - ❏ a. porque existe mayor demanda de energía fósil de bajo costo
   - ❏ b. porque la población sigue creciendo y existe mayor demanda de energía limpia
   - ❏ c. porque el agua de las represas se está evaporando
   - ❏ d. porque América Latina carece de ríos y lagos

2. Los combustibles fósiles son
   - ❏ a. recursos que se renuevan cada mil años.
   - ❏ b. gases que se hacen en un invernadero.
   - ❏ c. recursos no renovables.
   - ❏ d. gases que se fabrican en un generador.

3. ¿Dónde está la segunda represa hidroeléctrica más grande del mundo?
   - ❏ a. en Uruguay
   - ❏ b. en Chile
   - ❏ c. en Brasil
   - ❏ d. en Paraguay

4. ¿Cuál es la longitud del río Paraná?
   - ❏ a. 65 kilómetros
   - ❏ b. 4,880 kilómetros
   - ❏ c. 4,880 millas
   - ❏ d. 2,500 kilómetros

5. ¿Quién diseña las plantas de energía hidroeléctrica?
   - ❏ a. los carpinteros
   - ❏ b. los contratistas
   - ❏ c. los ingenieros
   - ❏ d. los veterinarios

● Demuestra lo que sabes del vocabulario y la gramática.

B. Busca en la lectura las palabras resaltadas que mejor concuerden con cada una de estas definiciones y escríbelas al lado del significado correcto.

1. _____: barreras para impedir el paso del agua en un río o un lago

2. _____: energía que se basa en recursos que se renuevan, como el agua y el sol

3. _____: electricidad producida por corrientes o saltos de agua

4. _____: lago artificial

5. _____: maquinaria que produce electricidad

6. _____: rueda con aspas que recibe el flujo de agua

7. _____: residuos

8. _____: recursos en cantidades limitadas

9. _____ : pudre

10. _____ : recursos no renovables, formados en la tierra, que se usan para generar energía

Los adjetivos posesivos se colocan antes o después de un sustantivo y nos dicen a quién o a qué pertenece el sustantivo. Ejemplo: *La Tierra es **nuestro** planeta.*

C. Identifica las oraciones que contienen un adjetivo posesivo. Subraya el adjetivo posesivo.

❏ 1. Paraná es su río más grande.

❏ 2. La represa produce mucha energía.

❏ 3. Nuestra energía eléctrica debe provenir de recursos renovables.

❏ 4. Mis cálculos podrán ser verificados por los ingenieros.

❏ 5. Sus ríos abundantes se encargan de proveer electricidad a la zona.

❏ 6. El río es extenso y caudaloso.

D. Escoge dos adjetivos posesivos y escribe una oración con cada uno de ellos.

1. _____ .

2. _____ .

Los prefijos son conjuntos de letras que se añaden al principio de las palabras para cambiar su significado. Ejemplos: *prehistórico* (antes de la historia), *antihéroe* (villano).

E. Subraya los prefijos en las palabras que los llevan.

1. La quema de combustibles fósiles genera subproductos que contaminan el aire.

2. Las hojas quedan atrapadas en las presas y se descomponen.

3. El carbón es un recurso no renovable.

4. La energía hidroeléctrica representa el 65% de la electricidad en América Latina.

5. El generador es una máquina que transforma la energía en electricidad.

El adjetivo calificativo es la palabra que acompaña al sustantivo y expresa sus características, rasgos o propiedades. El adjetivo calificativo debe concordar en género (masculino o femenino) y número (singular o plural) con el sustantivo. Ejemplos: *energía limpia, civilizaciones antiguas.*

F. Escribe una oración con cada adjetivo. Recuerda utilizar el género y el número correctos.

1. sostenible _____

2. avanzado _____

3. polémico _____

4. peligroso _____

5. limitado _____

6. largo _____

7. limpio _____

8. grande _____

9. tóxico _____

10. solar _____

G. Subraya los adjetivos calificativos en las siguientes oraciones.

1. Paraguay obtiene la mayor parte de su electricidad de energía limpia.

2. La represa de Itaipú es la segunda central hidroeléctrica más grande del mundo.

3. La energía hidroeléctrica, la energía solar y la energía eólica son todas energías sostenibles.

4. Algunos subproductos químicos son dañinos para el medio ambiente.

5. El carbón y la gasolina son dos ejemplos de recursos naturales no renovables.

● Practica lo que aprendiste sobre ingeniería y matemáticas.

H. Haz estos ejercicios de forma independiente o con un(a) compañero(a).

Materiales:

- Calculadora o papel y lápiz

Una de las fórmulas que los ingenieros utilizan para investigar cómo diseñar las centrales hidroeléctricas es: $P = \eta \rho Q g h$

P = potencia en megavatios
η = rendimiento de la turbina hidráulica
ρ = densidad del fluido en kilogramos por metros cúbicos
Q = caudal en metros cúbicos por segundo
g = aceleración de la gravedad
h = desnivel disponible en la presa entre aguas arriba y aguas abajo, en metros (salto neto)

En la columna de ejemplo de la tabla se calcula la potencia para el siguiente escenario: una turbina con un rendimiento del 75% eficiente, 1,000 kg/metros cúbicos de agua, un caudal de 100 metros cúbicos por segundo, una aceleración de gravedad de 9.81 metros por segundo al cuadrado, y una altura de 120 metros.

La ecuación sería: P = .75 x 1,000 x 100 x 9.81 x 120

Utiliza la información dada para resolver la variable que falta en la columna dos (P) y en la tres (η).

Ejemplo: Represa #1	Represa #2 - Valor de P	Represa #3 - Valor de η
P = 88 MW	P = _____	P = 68 MW
η = .75	η = .85	η = _____
ρ = 1,000	ρ = 1,000	ρ = 1,000
Q = 100	Q = 80	Q = 80
g = 9.81	g = 9.81	g = 9.81
h = 120	h = 290	h = 145

I. Responde las preguntas según la información de la tabla anterior.

1. ¿Cómo afecta el caudal del río (la cantidad de agua que mueve) la capacidad para producir energía?

_____

_____

2. ¿Qué podemos hacer para producir energía y a su vez mantener un balance ecológico en los ríos?

_____

_____

● ¡Investiga!

J. Investiga en el Internet acerca de las obras de ingeniería que permiten producir energía limpia o sostenible. Responde: ¿Cómo pueden ayudar las obras de ingeniería a producir energía limpia y mejorar la calidad de vida? Escribe cuatro o cinco párrafos.

_____
_____
_____
_____
_____
_____
_____
_____
_____
_____
_____
_____
_____
_____
_____
_____
_____
_____
_____
_____
_____
_____
_____
_____
_____
_____
_____
_____
_____
_____

La flora, la fauna y la "fiebre del oro" de Tierra del Fuego

Tierra del fuego es una región única en la punta inferior de América del Sur, formada por un grupo de islas. Un tercio de este archipiélago está en Argentina y dos tercios están en Chile. La isla principal de Tierra del Fuego, Isla Grande, tiene una superficie de 48,100 kilómetros cuadrados (29,888 millas cuadradas), un tamaño similar a República Dominicana. Tierra del Fuego es fresca en verano, con una temperatura que oscila entre los 6 y 9°C, (43 y 48°F) y muy fría en invierno, con temperaturas que bajan hasta 0°C (32°F). Cabo de Hornos es la isla más meridional de Tierra del Fuego y es el hogar de los glaciares. Debido a los cambios climáticos, es común ver grandes desprendimientos de hielo en estos glaciares.

Mapa de la punta inferior de América del Sur

La flora y la fauna de Tierra del Fuego son únicas. Sobre la flora, cabe destacar que esta región tiene los únicos bosques en el mundo que crecen en un clima con veranos casi tan fríos como sus inviernos. Aunque las temperaturas son bajas, la tierra es fértil y los árboles prosperan. Esta región está ubicada al sur del planeta, muy lejos de la línea del ecuador. Por su latitud extrema hay muchos animales distintos

El pingüino rey es la segunda especie más abundante de pingüinos en el mundo.

a los que viven en otras partes de Suramérica. Entre la fauna del lugar destaca el pingüino rey, la segunda especie más abundante de pingüinos en el mundo. Estos son capaces de bucear hasta 300 metros de profundidad para pescar. También destacan la ballena franca pigmea, la cual se encuentra en el océano Antártico o Austral, y el delfín de peale o delfín negro, endémico de esta zona. El delfín negro solo se encuentra en las aguas frías del Cono Sur, donde se alimenta utilizando métodos cooperativos, en los que una manada de delfines se agrupa en grandes círculos y rodea a la presa. Además de ballenas y delfines, es común encontrar pinnípedos en esta región. Estos mamíferos carnívoros del océano, como los lobos marinos, viven junto a otros animales de agua fría.

A pesar de que esta región de Suramérica es fría durante todo el año y es difícil vivir en ella, Tierra del Fuego experimentó una migración masiva durante la "fiebre de oro", de 1883 a 1906. Más de 2,000 kilogramos (4,400 libras) de oro fueron encontrados en tan solo tres años en las islas Nueva y Lennox. Los buscadores de este metal valioso utilizaban diferentes métodos para extraerlo o sacarlo de la tierra. Las tecnologías para extraer oro no han cambiado mucho en los últimos 100 años. El oro puede ser tamizado del lodo que está en el fondo de un río o separado de las piedras y de la tierra manualmente. Cuando el oro se encontraba en el río, los exploradores construían una especie de cajón de poca profundidad con una sartén a la que le colocaban un colador de malla en la parte superior. Luego lo llenaban con arena y grava, y colocaban la sartén y el colador bajo el agua, efectuando movimientos circulares para permitir que los materiales más pesados, como el oro, se hundieran hasta el fondo del recipiente. Gran parte del oro en Tierra del Fuego se hallaba mezclado en rocas y arcilla. Para extraer el oro había que separar los metales del lodo cuidadosamente. El proceso consumía mucho tiempo y era difícil. Algunos buscadores se hicieron ricos con los hallazgos, pero en comparación con la "fiebre de oro" de California, la de Tierra del Fuego fue menos exitosa.

Aunque Tierra del Fuego ya no es un centro de interés para los buscadores de oro, estas tierras aún son exploradas por miles de turistas, que llegan a la región atraídos por su geografía, su flora, su fauna y sus glaciares. .

Glaciares en Tierra del Fuego

● Demuestra lo que comprendiste.

A. Escoge la mejor respuesta.

1. ¿Qué país tiene un tamaño similar al de Isla Grande en Tierra del Fuego?

   ❑ a. Estados Unidos

   ❑ b. Chile

   ❑ c. República Dominicana

   ❑ d. Polonia

2. ¿Qué tiene de especial la flora de Tierra del Fuego?

   ❑ a. animales que viven en aguas frías

   ❑ b. pinnípedos carnívoros

   ❑ c. bosques que crecen en climas muy fríos

   ❑ d. setas que no mueren en invierno

3. ¿Qué quiere expresar el autor cuando dice que, en esa región, el delfín negro es endémico?

   ❑ a. que está enfermo

   ❑ b. que está a punto de extinguirse

   ❑ c. que vive en los océanos del mundo entero

   ❑ d. que solo vive en esa región

4. ¿Cuánto oro se encontró durante el apogeo de la "fiebre del oro" en Tierra del Fuego?

   ❑ a. 2,000 kilogramos

   ❑ b. 2,100 libras

   ❑ c. 1,750 kilogramos

   ❑ d. 5,000 libras

5. ¿Cuál de estos métodos de extracción de oro no se trata en la lectura?

   ❑ a. tamizar la grava con una sartén bajo el agua

   ❑ b. golpear las piedras con un martillo

   ❑ c. lavar el lodo

   ❑ d. extraer el metal de la tierra con las manos

● Demuestra lo que sabes del vocabulario y la gramática.

B. Busca en la lectura las palabras resaltadas que mejor concuerden con cada una de estas definiciones y escríbelas al lado del significado correcto.

1. _____ : sacar algo

2. _____ : material que se asienta en el fondo de un río

3. _____ : mamíferos marinos que comen carne

4. _____ : grupo de islas

5. _____ : ubicación Norte o Sur por encima o por debajo del ecuador

6. _____ : vida animal

7. _____ : que solo se encuentra en una región

8. _____ : vida vegetal

9. _____: grandes cuerpos de hielo

10. _____: nadar bajo la superficie del agua

Los adjetivos calificativos se utilizan para expresar diferentes cualidades del sustantivo o pronombre que se está modificando. Ejemplos: *vidrio claro, verano frío*

C. Subraya los adjetivos calificativos en las siguientes oraciones.

   1. La tierra es fértil.

   2. Los glaciares son cuerpos gigantes de hielo.

   3. Tierra del Fuego es el hogar de muchos animales únicos.

   4. Los lobos marinos son mamíferos grandes y carnívoros que viven en el océano.

   5. Los abundantes bosques de esta región producen oxígeno para las personas que viven en las cercanías.

   6. La mayor parte del oro en Tierra del Fuego estaba mezclado con lodo espeso.

Los pronombres posesivos son palabras que muestran propiedad. Ejemplos: *mi, mío, nuestro, su, suyo, tuyo.*

D. Subraya los pronombres posesivos en las siguientes oraciones.

   1. Estaba orgulloso de su exitosa carrera buscando oro.

   2. "El recuerdo de estas tierras es mío".

   3. Tierra del Fuego es un lugar popular para viajar; su ecosistema es único.

   4. Tu dibujo del pingüino rey es muy bueno.

   5. El oro es nuestro.

E. Escribe cuatro oraciones con pronombres posesivos.

   1. _____.

   2. _____.

   3. _____.

   4. _____.

Las palabras llanas (o graves) tienen la fuerza de la pronunciación en la penúltima sílaba. Llevan tilde o acento ortográfico si terminan en consonante que no sea *n* ni *s*. Ejemplos: *casa, puente, árbol, lápiz.*

Muchas palabras llanas contienen un hiato, o sea, dos vocales que son parte de sílabas distintas. Cuando la fuerza de pronunciación en un hiato recae sobre una vocal débil, esta lleva tilde (*í, ú*). Ejemplos: *hacía, aúlla*

F. Identifica las palabras llanas.

   ❑ 1. Argentina   ❑ 5. construyen

   ❑ 2. meridional   ❑ 6. río

   ❑ 3. patagonia   ❑ 7. climatológico

   ❑ 4. fértil   ❑ 8. cercanía

G. Escribe una oración con tres de las palabras llanas que identificaste en el ejercicio anterior.

1. _____ .

2. _____ .

3. _____ .

Los puntos suspensivos se representan por tres puntos alineados horizontalmente (...).
Indican un pensamiento inconcluso, una interrupción o una ligera pausa.
Ejemplo: *No puedo creer que hayas hecho eso... ¡estoy desilusionado!*

H. Coloca los puntos suspensivos en las oraciones donde son apropiados.

1. Tierra del Fuego _____ ¿qué es?

2. Tierra del Fuego experimentó una "fiebre del oro" de _____ 1883 a 1906.

3. El pingüino rey es la segunda especie _____ con mayor población del mundo.

4. Isla Grande tiene una superficie de _____ ¡a que no adivinas!

● Practica lo que aprendiste sobre ciencia y tecnología.

I. Completa la actividad de forma independiente o con un(a) compañero(a).

Materiales:

- lápiz y papel
- materiales que podrías usar para crear una herramienta para extraer oro

Haz una lista de herramientas y materiales que creas que podrías utilizar para extraer oro. Enuméralos en la tabla.

Herramientas	Materiales	Otros

Planifica o diseña una forma de usar los materiales o herramientas de la tabla. Puedes construir un dispositivo o dibujarlo en papel.

J. Responde las preguntas según la información de la actividad anterior.

1. ¿Fue difícil encontrar materiales apropiados en tu casa o en el salón de clase? ¿Por qué?

_____

2. ¿Cómo usarías tu invento?

_____

3. ¿Habría sido capaz alguien en la década de 1880 de crear el mismo invento o utilizar las mismas herramientas que tú? ¿Por qué?

_____

¡Investiga!

K. Los científicos saben muy poco acerca de algunos animales que habitan en el sur de Tierra del Fuego. Investiga sobre las tecnologías disponibles para estudiar los animales, sus características y su comportamiento. Responde: ¿Qué tecnologías se pueden usar para aprender más sobre sobre los animales? ¿Cómo funcionan? Escribe cuatro o cinco párrafos.

Los científicos saben poco acerca del delfín de peale.

El lince ibérico

Características biológicas y de comportamiento

El lince ibérico es un felino que vive en la península ibérica. Su aspecto es robusto pero menudo a la vez. Sus patas son largas y tiene una cola corta con pelos negros en la punta. Sus orejas son puntiagudas, con pelos negros rígidos parecidos a un pincel, y su color suele ser pardo o de tonos grisáceos con manchas.

El lince ibérico es un cazador muy ágil. Es carnívoro y se alimenta sobre todo de conejos, que representan entre el 80% y el 90% de su alimentación. También consume perdices y aves, como las acuáticas. Es un animal solitario pero, durante su época de reproducción, entre enero y febrero, permanece con su pareja, construyendo sus madrigueras en lugares protegidos y escondidos, como las cuevas y los huecos en los troncos de árboles.

Una pareja de linces suele cambiar de madriguera cuando las crías tienen aproximadamente un mes y, cumplidos los dos meses, ya acompañan a su madre en las cacerías. Los linces ibéricos viven de 10 a 15 años.

Lince ibérico con su cría

Hábitat

El hábitat del lince ibérico son las áreas de bosque mediterráneo, en zonas alejadas de la presencia humana. Su territorio y área de caza suele comprender unos 10 kilómetros cuadrados. Prefiere las zonas de monte bajo para el descanso y los matorrales, donde suele abundar el conejo, para su actividad de caza. Durante el verano, los linces ibéricos son animales nocturnos debido a las altas temperaturas durante las horas de sol, pero en el invierno pueden estar activos las 24 horas del día.

Riesgo de extinción

El lince ibérico es la especie felina más amenazada de extinción en el mundo. En 2017, solamente existían dos poblaciones en España: una en Andalucía, de unos 300 individuos, y otra en los Montes de Toledo, de solo 15 individuos. Uno de los peligros que enfrenta el lince ibérico es la reducción de su territorio, ya que estos en ocasiones acceden a carreteras en las zonas donde habitan y sufren atropellos.

Programas para salvaguardar la variedad genética

Aunque se desconoce cuántos linces quedan en realidad, se ha visto un aumento en la población desde 2015 gracias a los programas de cría en cautividad que inició España para conservar y reintroducir esta especie.

A través de estos programas, se ha tratado de salvaguardar la variedad genética del lince por medio de parejas sanas. Esto permitiría contar con estas crías en caso de que se extinguieran en la naturaleza, o si esas poblaciones silvestres sufrieran un declive apresurado y se desconocieran los factores que están causándolo o no se pudieran controlar esos factores de forma efectiva. Este sistema de protección sirve, además, para crear nuevos núcleos de poblaciones con características genéticas variadas.

El porcentaje de supervivencia de los cachorros ha aumentado gracias a los programas de cría en cautividad.

Porcentaje de supervivencia del lince ibérico

Durante el mes de julio de 2018, los centros donde se desarrolla el Programa de Cría en Cautividad del Lince Ibérico reportaron que la temporada de cría había concluido con 39 nuevos cachorros, de los 49 que nacieron en esta temporada reproductora. El porcentaje de supervivencia de los cachorros había sido del 80%, una cifra superior al promedio de supervivencia. El porcentaje de supervivencia de los cachorros en los 14 años anteriores del programa era del 75%. Se cree que estos resultados favorables estimularán aún más la creación de este tipo de programa para proteger a otros animales en peligro.

Demuestra lo que comprendiste.

A. Escoge la mejor respuesta.

1. ¿Qué quiere decir que el lince ibérico "es robusto pero menudo a la vez"?
   - ❑ a. que es fuerte pero pequeño a la vez
   - ❑ b. que es fuerte pero tímido a la vez
   - ❑ c. que es grande pero tímido a la vez
   - ❑ d. que es enorme pero delgado a la vez

2. ¿Quién enseña a las crías de lince ibérico a cazar?
   - ❑ a. el lince padre
   - ❑ b. la pareja
   - ❑ c. los cachorros del lince
   - ❑ d. la madre lince

3. ¿Qué palabra se utiliza en el texto para referirse a los animales que componen una población?
   - ❑ a. especie
   - ❑ b. crías
   - ❑ c. individuos
   - ❑ d. parejas

4. ¿Cuál es uno de los propósitos de los programas de cría en cautividad?
   - ❑ a. reintroducir nuevas especies en la naturaleza
   - ❑ b. reintroducir en la naturaleza especies en extinción, para así crear nuevos núcleos de poblaciones
   - ❑ c. proteger a las madres en la naturaleza durante el periodo de reproducción
   - ❑ d. evitar que los animales mueran atropellados en las carreteras

5. ¿Por qué el Programa de Cría en Cautividad del Lince Ibérico ha sido exitoso?
   - ❑ a. porque ha logrado aumentar el porcentaje de supervivencia de los cachorros
   - ❑ b. porque incluye a otros animales en peligro de extinción
   - ❑ c. porque mantiene a los linces ibéricos en reservas de animales
   - ❑ d. porque ha logrado contener los factores que causan el declive

Demuestra lo que sabes del vocabulario y la gramática.

B. Busca en la lectura las palabras resaltadas que mejor concuerden con cada una de estas definiciones y escríbelas al lado del significado correcto.

1. _____ : animales muy jóvenes que aún no se valen por sí mismos

2. _____ : animales que desarrollan su actividad durante la noche

3. _____ : cantidad que toma como referencia el número 100

4. _____ : situación del animal que se encuentra encerrado en algún lugar

5. _____ : cantidad o número

6. _____ : reducción, decadencia

7. _____ : término medio que se obtiene al sumar varias cantidades y luego dividir la suma total entre el número de cantidades

8. _____ : medida de longitud

9. _____ : dos animales o individuos

10. _____ : cueva o lugar pequeño en el que viven algunos animales

Los verbos son palabras que expresan una acción o un estado.
Ejemplo: *Es* carnívoro y se ***alimenta*** sobre todo de conejos.
          estado   acción

C. Subraya el verbo en cada oración e indica si es un verbo de estado o de acción.

1. _____ Durante el verano, los linces ibéricos son animales nocturnos.

2. _____ Las crías acompañan a su madre en las cacerías.

3. _____ Estos felinos viven en la península ibérica.

4. _____ El hábitat del lince ibérico es el bosque mediterráneo.

5. _____ El lince consume perdices y aves, como las acuáticas.

D. Escoge dos verbos de estado y dos de acción, y escribe una oración con cada uno.

1. _____ .

2. _____ .

3. _____ .

4. _____ .

Los verbos conjugados expresan también un tiempo, es decir, el momento en el que tiene lugar la acción. Ejemplos:
    El porcentaje de supervivencia de los cachorros *fue* mayor. (pasado)
    El lince ibérico *es* un cazador muy ágil. (presente)
    El porcentaje de supervivencia *será* mayor. (futuro)

E. Identifica el tiempo (pasado, presente o futuro) de los verbos subrayados.

1. _____ En 2017, solamente <u>existían</u> dos poblaciones de linces en España.

2. _____ Es un animal solitario, pero durante su época de reproducción, entre enero y febrero, <u>permanece</u> con su pareja.

3. _____ El porcentaje de supervivencia de los cachorros en los 14 años del programa <u>era</u> del 75%.

4. _____ Se cree que estos resultados favorables <u>estimularán</u> aún más la creación de este tipo de programa para proteger a otros animales en peligro.

5. _____ Este sistema de protección <u>sirve</u> para proteger a una especie en extinción.

El participio es una forma del verbo que se usa en los tiempos verbales compuestos.
Ejemplo: El porcentaje de supervivencia de los cachorros ***ha sido*** del 80%.

F. Escribe el participio de los siguientes verbos.

1. sobrevivir _____

2. terminar _____

3. ver _____

4. tratar _____

5. restaurar _____

● Practica lo que aprendiste sobre ciencia y matemáticas.

G. Haz este ejercicio de forma independiente o con un compañero(a).

Materiales:

- Calculadora o papel y lápiz

Para calcular el porcentaje de un número, se multiplica el porcentaje por el número y el resultado se divide entre 100. Por ejemplo, si queremos calcular cuál es el 15% de una población de 80 linces, debemos hacer lo siguiente:

15 x 80 = 1,200

1,200 ÷ 100 = 12

El 15% de una población de 80 linces son 12 linces.

Instrucciones:

Utiliza los pasos anteriores para resolver el siguiente problema:

El territorio del lince ibérico, incluyendo su área de caza, suele ser de unos 10 kilómetros. De esos 10 kilómetros, el lince ibérico macho recorre diariamente el 70%. ¿Cuántos kilómetros de su territorio recorre diariamente el lince ibérico?

El lince ibérico recorre _____ diariamente.

H. Responde las siguientes preguntas.

1. ¿Para qué sirve el porcentaje?

_____

_____

_____

_____

2. ¿En qué situaciones de la vida diaria se usan los porcentajes?

_____

_____

_____

_____

● ¡Investiga!

I. Investiga en el Internet acerca de algún animal en peligro de extinción y los programas de cría en cautividad que se han creado para restaurar su población en la naturaleza. ¿Cuáles son las características biológicas del animal? ¿Por qué está en extinción? ¿Qué porcentaje de la población ha sobrevivido?¿Cómo pueden ayudar los científicos a restaurar la población de esos animales? Escribe cuatro o cinco párrafos sobre lo que aprendiste.

_____

_____

_____

_____

_____

_____

_____

_____

_____

_____

_____

_____

_____

_____

_____

_____

_____

_____

_____

_____

_____

_____

_____

_____

_____

_____

España: Líder internacional en obras de ingeniería

España se ha convertido en uno de los líderes internacionales del diseño y la ejecución de complejas obras de infraestructura. En la actualidad, las empresas de ingeniería y constructoras españolas están presentes en 85 países.

Las empresas españolas se han destacado en la administración de autopistas de peaje.

Las empresas de ingeniería españolas participan en la ampliación del Canal de Panamá.

El 33% de las principales concesiones de transportes del mundo son organizadas y administradas por empresas españolas. En el transporte terrestre, estas empresas se han destacado en la administración de autopistas de peaje y en la operación y el control de sistemas para estacionamiento. Otro logro en el transporte terrestre ha sido el diseño e implementación de tecnología inteligente para una movilidad sostenible en más de cien ciudades alrededor del mundo.

Entre los proyectos de infraestructura en los que han participado las empresas de ingeniería españolas se encuentran algunos que modifican a gran escala la geografía de ciertos lugares, como la ampliación del Canal de Panamá o el túnel SR-99, frente a la costa de Seattle, en el estado de Washington. Otros proyectos importantes han consistido en la construcción de puentes, como el puente atirantado de la Bahía de Forth, en Escocia, o el puente Beauharnois, en Canadá, el segundo puente empujado más largo del Planeta. Se le llama "empujado", porque la vía se construye por separado y luego esta se coloca sobre los soportes del puente y se va empujando hasta que toda la vía cae en su lugar.

El proyecto Haramain

El proyecto Haramain es la mayor obra civil, hasta la fecha, en Oriente Medio. Es una línea de trenes de alta velocidad que facilitará el transporte de peregrinos musulmanes entre La Meca y Medina, dos ciudades muy distantes entre sí de Arabia Saudita.

La Organización de Ferrocarriles Saudíes (SRO) adjudicó en 2011 la segunda fase del proyecto de construcción a un consorcio formado por doce empresas españolas y dos empresas saudíes. A esta fase se le calcula una gestión de construcción de doce años.

España es el país con la red más extensa de alta velocidad de Europa y la segunda del mundo. Conocido como AVE (Alta Velocidad Española), este sistema ferroviario es un ejemplo de modernidad, velocidad y puntualidad. Por eso, al proyecto Haramain también se le conoce como el "AVE del desierto". Se estima que cada año 60 millones de pasajeros utilizarán esta línea de trenes.

Cada tren está formado por dos cabezas tractoras y doce coches o vagones, con una capacidad de entre 400 y 500 pasajeros. El tren La Meca-Medina funcionará igual que el sistema español: dispondrá del mecanismo especial de frenado, o freno, europeo y podrá alcanzar los 320 kilómetros por hora (199 millas por hora). Su construcción y mantenimiento han representado un reto, porque el 15% del recorrido transcurre por desierto de arena.

El sistema ferroviario AVE (Alta Velocidad Española) es un ejemplo de modernidad, velocidad y puntualidad.

En 2017 el "AVE del desierto" realizó su primer viaje de prueba con invitados a bordo. El trayecto fue completado en dos horas y 52 minutos y el tren llegó a superar los 300 kilómetros por hora en algunos tramos. En septiembre de 2019 el "AVE del desierto" comenzará a circular comercialmente.

El puente atirantado de Hisgaura

El puente de Hisgaura, en Colombia, una superestructura construida por la empresa española Sacyr, es el más alto de Suramérica. Esta estructura complementa la autopista Curos-Málaga, que conecta la provincia de García Rovira de Santander con la ciudad de Bucaramanga. La autopista ha sido una gran obra de ingeniería, pues atraviesa la falla geológica de Hisgaura, de unos tres kilómetros, responsable del mayor número de derrumbes en dicho trayecto.

El puente de Hisgaura ofrece una solución a los problemas de movilidad en esa región colombiana, que cuenta con grandes atractivos turísticos. Los soportes de toda la estructura del puente, en concreto reforzado, están hechos en forma de H para que tenga mayor estabilidad y afronte las diversas situaciones del día a día, como el movimiento de vehículos o las cargas de camiones. Durante su construcción también se tomaron en cuenta factores externos, como los movimientos sísmicos o la fuerza del viento, característicos de esa zona.

España es, sin duda, uno de los líderes mundiales en la construcción de obras de ingeniería.

Los ingenieros españoles también han construido puentes atirantados, como el de Hisgaura.

● Demuestra lo que comprendiste.

A. Escoge la mejor respuesta para cada pregunta.

1. ¿Qué logra la tecnología inteligente en el transporte terrestre?
   - ☐ a. la administración de las empresas
   - ☐ b. la movilidad sostenible de tráfico
   - ☐ c. la administración comercial de las autopistas
   - ☐ d. la construcción de puentes

2. ¿Cuál es un ejemplo de infraestructura?
   - ☐ a. un canal artificial
   - ☐ b. una empresa
   - ☐ c. un soporte
   - ☐ d. una falla geológica

3. Además del puente atirantado, ¿qué otro tipo de puente se menciona en la lectura?
   - ☐ a. el de tecnología inteligente
   - ☐ b. el sostenible
   - ☐ c. el de autopista
   - ☐ d. el empujado

4. ¿Por qué se escogió la tecnología española para el "AVE del desierto"?
   - ☐ a. porque puede transportar más pasajeros al año
   - ☐ b. por su experiencia con trenes de alta velocidad
   - ☐ c. por su experiencia en la construcción de trenes en el desierto
   - ☐ d. por el sistema único de frenado

5. ¿Cuál es uno de los factores externos que se deben tener en cuenta al construir un puente para que este sea seguro?
   - ☐ a. el apoyo de los habitantes
   - ☐ b. los atractivos turísticos de la región
   - ☐ c. la fuerza del viento en la zona
   - ☐ d. la fecha en que estará disponible al público

● Demuestra lo que sabes del vocabulario y la gramática.

B. Busca en la lectura las palabras resaltadas que mejor concuerden con cada una de estas definiciones y escríbelas al lado del significado correcto.

1. _____: aumento del tamaño o la duración de algo

2. _____: construcciones sin terminar

3. _____: se utilizan para sostener o apoyar algo

4. _____: sistema controlado por computadoras, capaz de responder a cambios del entorno para establecer las condiciones óptimas de funcionamiento sin intervención humana

5. _____: máquinas que arrastran los vagones del tren

6. _____: sistema para detener o parar el movimiento de una máquina

7. _____ : estructura compleja que incluye otras estructuras menores

8. _____ : que está sujeto con tirantes

9. _____ : carretera de circulación rápida, con varios carriles y sin cruces

10. _____ : conjunto de estructuras de ingeniería e instalaciones, generalmente de larga vida útil

Los verbos conjugados expresan también un tiempo. Es decir, el momento en el que tiene lugar la acción: pasado, presente o futuro. Ejemplos:

El 31 de diciembre de 2017 el "AVE del desierto" *realizó* su primer viaje de prueba. (pasado)
El 15% del recorrido *transcurre* por desierto de arena. (presente)
El puente *estará* disponible al público a partir de julio de 2018. (futuro)

C. Subraya el verbo en cada oración e indica el tiempo que expresa: presente, pasado o futuro.

1. _____ Esta estructura complementa la autopista Curos-Málaga.

2. _____ El tren La Meca-Medina funcionará igual que el español.

3. _____ El proyecto Haramain es la mayor obra civil, hasta la fecha, en Oriente Medio.

4. _____ La Organización de Ferrocarriles Saudíes (SRO) adjudicó en 2011 la segunda fase del proyecto de construcción a un consorcio.

5. _____ El "AVE del desierto" dispondrá de un sistema especial de frenado.

El pretérito perfecto compuesto es un tiempo verbal que también se refiere al pasado. Es compuesto porque se forma con dos palabras. Ejemplo: España se *ha convertido* en un líder del diseño y la ejecución de complejas obras de infraestructura.

D. Identifica las oraciones que contienen un verbo en pretérito perfecto compuesto.

❑ 1. El proyecto también incluye su gestión durante un periodo de doce años.

❑ 2. Cada tren está formado por doce coches y dos cabezas tractoras.

❑ 3. Estas empresas se han destacado en la administración de autopistas de peaje.

❑ 4. Al proyecto Haramain también se le conoce como el "AVE del desierto".

❑ 5. La autopista ha sido una gran obra de ingeniería.

El participio es una forma del verbo que se usa en los tiempos verbales compuestos. Ejemplo: La Organización de Ferrocarriles Saudíes (SRO) *ha adjudicado* la segunda fase del proyecto a empresas españolas y saudíes.

E. Escribe el participio de los siguientes verbos.

1. ser _____

2. participar _____

3. formar _____

4. completar _____

5. hacer _____

6. construir _____

7. conocer _____

8. transcurrir _____

El participio también puede funcionar como adjetivo. Entonces debe concordar en género y número con el sustantivo. Ejemplo: El puente de Beauharnois es el segundo *puente empujado* más largo del Planeta.

F. Identifica las oraciones en las que un participio funciona como adjetivo.

   ❑ 1. El tren ha realizado su primer viaje de prueba.

   ❑ 2. Los soportes en concreto reforzado están hechos en forma de *H*.

   ❑ 3. El trayecto fue completado en dos horas y 52 minutos.

   ❑ 4. La Bahía de Forth también tiene un puente atirantado.

● **Practica lo que aprendiste sobre ingeniería y tecnología.**

G. Haz el proyecto de forma independiente o con tus compañeros(as).

Materiales:

   •   Una computadora con un programa que permita hacer dibujos, o papel y lápiz

Un puente atirantado se compone de tres elementos básicos: el tablero, las torres o mástiles y los tirantes. El tablero es el que soporta el tráfico de vehículos y peatones. Las torres o mástiles son las estructuras que soportan toda la carga que se distribuye desde el tablero hasta los cables. Los tirantes son los cables rectos que ayudan a sostener el tablero y proporcionarle una series de apoyos.

Instrucciones:

Crea tu propio diseño de un puente atirantado. Busca ejemplos de puentes atirantados en México, Japón, Francia o China. Si no tienes acceso a una computadora, puedes usar papel y lápiz para dibujar tu diseño. Sé creativo al diseñar los tirantes de tu puente.

H. Responde las preguntas.

   1. ¿En qué te inspiraste para el diseño de tu puente?

   _____

   _____

   2. ¿Qué tipo de materiales usarías para construir tu puente?

   _____

   _____

   3. ¿Cuál sería el propósito de tu puente?

   _____

   _____

● ¡Investiga!

I. Con un(a) compañero(a), investiga en el Internet sobre la tecnología que se ha utilizado para el tren "AVE del desierto". ¿Qué tipo de trenes usan? ¿Cómo son las vías? ¿Cómo se resuelve el problema de la arena del desierto que se acumula en las vías? ¿Cómo influirá esta tecnología en la vida diaria de la población? Escribe cuatro o cinco párrafos sobre lo que aprendiste y presenta la información.

Las tecnologías para estudiar los huracanes

Las tecnologías que permiten estudiar los huracanes influyen directamente en la calidad de vida de las más de 700 islas e islotes que forman el Caribe isleño. Estas islas son parte de una región muy hermosa pero, por su ubicación, son vulnerables a las tormentas tropicales y a los huracanes. Sin tecnologías que estudien la atmósfera y los huracanes, la vida en esta región sería muy peligrosa.

Los huracanes son tormentas de gran fuerza que se forman sobre el océano. Estos se originan en aguas cálidas, con una temperatura de 26°C (80°F) o más, y tienen vientos con velocidades que superan los 119 kilómetros por hora (74 millas por hora). Las tormentas también pueden dar lugar a tornados con vientos ciclónicos muy intensos. Cada año se forman entre 80 y 100 tormentas tropicales cerca del ecuador y, aproximadamente, la mitad de ellas llega a convertirse en huracán.

En el año 2017, el huracán María, de categoría 5, azotó Dominica. Fue la primera vez que un huracán de tal fuerza golpeaba esta isla caribeña. El 80% de la población sufrió gran devastación. Otras islas como Guadalupe, Monserrat y Puerto Rico sufrieron pérdidas humanas y materiales cuantiosas, de las que aún no se reponen.

Para entender cómo se desarrollan los huracanes, debemos conocer un poco sobre la presión atmosférica y cómo esta afecta al clima. La atmósfera de la Tierra está compuesta por distintos gases que, como todo lo que hay en la Tierra, son atraídos por la fuerza de gravedad del planeta. Las moléculas de gas más cercanas a la superficie de la Tierra se comprimen por el peso del aire sobre ellas, y esto hace que se calienten. El calor provoca que las moléculas se separen y el aire se vuelva menos denso. Cuando el aire se torna cálido y menos denso, se eleva. Entonces, el aire cálido y de baja presión sube, y el aire frío y de alta presión baja y toma su lugar, perpetuando así el ciclo de calentamiento del aire por la presión atmosférica.

Foto de satélite de un huracán sobre la región

A medida que el aire cálido sube, el vapor de agua que contiene se condensa y cambia de gas a líquido. Esta condensación de agua forma gotas de lluvia y nubes de tormenta, que también liberan calor, y así continúa el ciclo. El intercambio de calor crea un patrón de viento que se mueve de forma circular alrededor de un centro, de manera similar al agua que baja por un desagüe. Los vientos acelerados de los huracanes provienen de vientos convergentes en la superficie que colisionan con vientos fuertes a una altitud de hasta 30,000 pies. El aire frío, que es más pesado y tiene una presión más alta, es succionado hacia el centro de la tormenta, que tiene aire cálido, más liviano y una presión más baja. Esto hace que aumente la velocidad del viento.

El centro del huracán es una región de baja presión conocida como el ojo. El área que rodea al ojo se llama la pared del ojo, y es donde se encuentran los vientos más intensos. Al tocar tierra, los huracanes pierden su principal fuente de energía: el aire cálido y húmedo del mar. La fricción con la tierra hace que disminuya la velocidad del viento. Esto elimina esa gran diferencia de presión entre el ojo de la tormenta y su exterior, que es lo que da tanto poder al huracán.

Los huracanes son una constante amenaza para quienes viven en el Caribe.

Los meteorólogos son los científicos que estudian e identifican patrones climáticos para poder predecir cuándo fenómenos meteorológicos, como los huracanes, ocurrirán y qué severidad o grados de intensidad tendrán. Para esto se ayudan de la tecnología y utilizan instrumentos como satélites, radares, barcos, boyas y aviones de investigación. Con los datos que obtienen de los satélites, por ejemplo, los meteorólogos pueden estimar la ubicación del centro de una tormenta, la velocidad de sus vientos y la dirección en que se mueve.

Los huracanes son una constante amenaza para quienes viven en el Caribe. Estas tormentas son capaces de destruir los recursos naturales y las infraestructuras, como las casas, las escuelas, los puentes y las líneas de luz y agua, entre otras, que permiten el funcionamiento de un país. También destruyen muchas vidas. Por eso, la población confía en que algún día los meteorólogos y otros estudiosos de huracanes y desastres naturales puedan desarrollar tecnologías nuevas que permitan tomar medidas más precisas para disminuir los riesgos y prevenir los efectos catastróficos de los huracanes en la población.

Los huracanes tienen vientos con velocidades que superan las 74 millas por hora.

Demuestra lo que comprendiste.

A. Elige la mejor respuesta para cada pregunta.

1. ¿Cuántas islas e islotes, aproximadamente, conforman el Caribe, según el texto?
   - ❏ a. menos de 100
   - ❏ b. más de 25,000
   - ❏ c. unas 500
   - ❏ d. cerca de 700

2. ¿Qué tecnología no usan los meteorólogos para poder analizar la trayectoria de los huracanes?
   - ❏ a. aviones
   - ❏ b. barcos
   - ❏ c. helicópteros
   - ❏ d. radares

3. Según el texto, ¿por qué quiere la población que se desarrollen más tecnologías?
   - ❏ a. para bajar los costos de investigación
   - ❏ b. para reducir el número de huracanes que afecta a las islas
   - ❏ c. para tomar medidas de protección con mayor información
   - ❏ d. para poder entender cómo se forman los huracanes

4. ¿Dónde se encuentran los vientos más fuertes de un huracán?
   - ❏ a. en el centro de la espiral
   - ❏ b. en el borde externo
   - ❏ c. en el ojo
   - ❏ d. en la pared del ojo

5. ¿Qué causa que los vientos de un huracán comiencen a moverse en espiral?
   - ❏ a. los fuertes vientos de la tierra
   - ❏ b. el intercambio de calor entre el aire menos denso y el aire más denso
   - ❏ c. los tornados que se forman en las tormentas
   - ❏ d. la fricción entre las islas y los vientos del ecuador

Demuestra lo que sabes del vocabulario y la gramática.

B. Busca en la lectura las palabras resaltadas que mejor concuerden con cada una de estas definiciones y escríbelas al lado del significado correcto.

1. _____: expuestas o indefensas
2. _____: cambia de gas a líquido
3. _____: con gran intensidad
4. _____: tormentas que se forman cerca del ecuador
5. _____: que se encuentran en un mismo lugar
6. _____: que chocan con violencia
7. _____: gases que rodean a un planeta
8. _____: tormentas ciclónicas intensas

9. _____ : sistemas que usan ondas de alta frecuencia para ubicar un objeto y determinar la distancia a la que se encuentra

10. _____ : objetos flotantes atados al fondo del mar, que sirven como señal o para recopilar información

El pretérito pluscuamperfecto indica una acción que ocurre en un momento anterior a otro, también pasado. Se usa el imperfecto del verbo *haber* + un participio pasado para formar el pluscuamperfecto. Ejemplo: *La tormenta **había causado** graves daños antes de llegar a la costa.*

C. Subraya el pretérito pluscuamperfecto en las oraciones que lo tienen.

1. El científico había tomado las medidas preventivas antes de que llegara el huracán.

2. Los meteorólogos predijeron los eventos climáticos y, aunque había mucha gente, todos se salvaron.

3. Los radares habían indicado que la tormenta se acercaba a las costas del país.

4. Antes de ser meteorólogo había sido periodista.

5. El huracán María había provocado grandes daños en Dominica antes de llegar a Puerto Rico.

6. Los huracanes causaron estragos y provocaron pérdidas económicas.

D. Escribe dos oraciones con verbos en pretérito pluscuamperfecto.

1. _____

2. _____

Si el sujeto en la oración realiza una acción sobre sí mismo, entonces el verbo y el pronombre que lo acompañan tienen uso reflexivo. Ejemplo: ***Me desperté*** *por el ruido de la tormenta.*

E. Subraya el verbo reflexivo en las oraciones que lo tienen.

1. Los arrecifes de coral en el Caribe se están muriendo por el impacto de las tormentas.

2. El científico se expresó claramente.

3. La meteoróloga se prepara bien para analizar los datos.

4. Ellos investigaron sobre el cambio climático.

5. Se acordó de revisar los pronósticos del tiempo antes de irse.

6. Se rompió una de las boyas que miden la temperatura del mar.

F. Elige dos verbos reflexivos y escribe una oración con cada uno.

1. _____

2. _____

Las palabras esdrújulas tienen la fuerza de pronunciación en la antepenúltima sílaba. Siempre llevan tilde. Ejemplos: *atmósfera*, *América*.

G. Subraya las palabras esdrújulas en las siguientes oraciones.

1. Los elementos geológicos del Caribe son únicos e interesantes.

2. Los aviones de investigación hacen un análisis de las moléculas del aire.

3. ¿Podemos ver relámpagos cuando ocurren los huracanes?

4. Los estudiosos del clima también analizan la química de la Tierra.

5. Las nuevas tecnologías permiten medir los cambios atmosféricos rápidamente.

El pretérito perfecto compuesto habla sobre una acción que comenzó en el pasado y que no ha terminado todavía. Ejemplo: *Ella **ha trabajado** allí por varios años.*

H. Escribe dos oraciones con verbos en pretérito perfecto compuesto.

1. _____

2. _____

Practica lo que aprendiste sobre ciencia y tecnología.

I. Haz este proyecto de forma independiente o con un(a) compañero(a) de clase.

Materiales:

- dos botellas de 2 litros
- agua fría
- tijeras
- cinta adhesiva
- pegamento

Instrucciones:

- Enjuaga las botellas y quítales las etiquetas.
- Llena una de las botellas con 750 ml de agua fría (aproximadamente ¾ de capacidad).
- Voltea la otra botella boca abajo y colócala encima de la botella llena.
- Unta un pegamento fuerte alrededor de las dos bocas de las botellas y pégalas.
- Usa cinta adhesiva sobre la conexión entre las dos botellas una vez que el pegamento esté seco para que sellen mejor.
- Crea un vórtice o ciclón volteando las botellas y gira la botella llena de agua en la dirección de las agujas del reloj. Debes hacer girar la botella con rapidez para crear la fuerza que sale del centro del vórtice, llamada fuerza centrífuga. Esto permitirá que el aire de la botella "vacía" se mueva, a medida que el agua lo desplaza.

J. Responde las preguntas basándote en tu experiencia con el experimento.

1. ¿Qué ocurrió al voltear las botellas?

_____

2. ¿En qué dirección giró el vórtice o ciclón? ¿Por qué crees que giró en esa dirección?

_____

3. ¿Qué tecnologías podrías usar para estudiar cómo se forman los huracanes?

_____

K. Investiga en el Internet sobre las tecnologías disponibles para el pronóstico de huracanes, como el uso de radares, aviones de investigación y modelos computarizados, y responde: ¿Cómo funcionan las tecnologías para pronosticar huracanes? ¿Cómo ayudan estas a salvar vidas? Escribe de cuatro a cinco párrafos sobre lo que aprendiste.

Avión de investigación

Ingenieros al rescate de los arrecifes de coral

El Caribe es el hogar de una gran variedad de ecosistemas o comunidades biológicas de organismos que interactúan entre sí. Un ejemplo de ellos son los arrecifes de coral. Estos son ecosistemas marinos formados por un material duro y rocoso que es secretado por pequeños animales llamados pólipos. La mayoría de los arrecifes de coral crecen y viven en aguas poco profundas, cálidas y donde hay luz solar. Estos arrecifes son una fuente de vida importante para el planeta, pero están muriendo a paso acelerado. Los científicos e ingenieros están corriendo contra reloj para tratar de salvarlos.

Los arrecifes de coral

Existen tres tipos principales de arrecifes de coral: los arrecifes costeros, los arrecifes de barrera y los atolones. Los arrecifes costeros crecen cerca de la orilla y son el tipo más común. ¡Estos sirven de hábitat para el 25% de las especies marinas del planeta! Los arrecifes de barrera, por su parte, crecen separados de la orilla por una laguna o banda ancha de agua con algunas áreas profundas.

Estos protegen las costas de los fuertes oleajes cuando hay cambios en las condiciones oceánicas. Solo hay dos arrecifes de barrera en el Caribe: uno frente a la costa de Belice, y el otro al este de Nicaragua. El tercer tipo, los atolones, son arrecifes más o menos circulares que se forman alrededor de una profunda laguna central.

Además de proteger las costas y servir de hábitat a muchos animales, estos arrecifes de coral tienen otras funciones importantes. Proporcionan parte del oxígeno que respiramos. En el Caribe también son el sustento de muchas personas que viven cerca de ellos, ya que son una gran fuente de pesca y atraen al turismo: dos de las actividades de la economía más importantes de esa zona.

Los arrecifes crecen en aguas poco profundas.

Soluciones de la ingeniería

Los científicos estiman que los arrecifes de coral en el Caribe han disminuido entre un 50% y un 80% en los últimos 50 años, debido al cambio climático. Grupos de ingenieros estudian estos cambios climáticos para poder crear soluciones que ayuden a revertir el impacto del calentamiento global. Este fenómeno ambiental afecta a los arrecifes de varias maneras. Primero, a medida que

Arrecife sano

Arrecife enfermo

el clima cambia y suben las temperaturas de los océanos, los corales y las algas que forman parte de este ecosistema sufren un proceso conocido como blanqueamiento o decoloración. Este blanqueamiento ocurre cuando se desprenden las algas que normalmente viven simbióticamente, o en una relación mutuamente beneficiosa, con otros organismos en el arrecife de coral.

Los científicos también estudian el deterioro de los arrecifes de coral producido por un aumento de los niveles de acidez en los océanos. Este aumento de acidez es causado por la contaminación y tiene efectos nocivos en los corales. Si el cambio climático y la contaminación siguen a este ritmo, los científicos estiman que el 90% de todos los arrecifes de coral morirán para el año 2050, ¡dentro de unas pocas décadas!

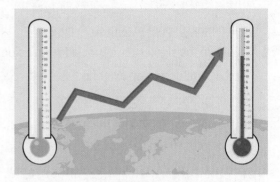

El aumento constante en las temperaturas del agua está destruyendo los arrecifes.

Afortunadamente, hay muchas personas interesadas en solucionar este problema. Ingenieros climáticos, ingenieros genéticos, ingenieros biólogos e ingenieros civiles están trabajando en la búsqueda de soluciones para restaurar los arrecifes moribundos. Por ejemplo, una técnica que han empleado en la isla de Granada y en otras partes del mundo es la construcción de estructuras a base de corales que funcionan como rompeolas. De esta manera disminuye la vulnerabilidad o posibilidad de que los arrecifes de coral sean perjudicados. Estas estructuras están hechas a base de materiales baratos y comunes, y son simples de construir. Sin embargo, esta tarea debe hacerse con cuidado ya que requiere colocar fragmentos de coral vivo en la estructura para fomentar el crecimiento natural del arrecife.

En otros lugares, estos ingenieros están probando alternativas que van desde colocar corales sanos en los arrecifes coralinos existentes hasta usar la ingeniería genética para clonar pedazos de coral. Otra propuesta es utilizar la energía generada por las olas oceánicas para bombear agua fría desde el fondo del océano a los corales estresados por el calor. Estos ejemplos son solo algunas de las medidas innovadoras y creativas que ingenieros y científicos están ideando con el fin de solucionar los problemas que el cambio climático está provocando en nuestro ambiente. Aunque todavía tenemos un largo camino por recorrer, ¡hay esperanza!.

Los arrecifes son una fuente de vida importante para el planeta.

Demuestra lo que comprendiste.

A. Elige la mejor respuesta para cada pregunta.

1. ¿Cuál de los siguientes enunciados no es un beneficio de los arrecifes de coral?

   ❑ a. producción de oxígeno

   ❑ b. protección de las costas

   ❑ c. alimento para las personas

   ❑ d. protección para los peces

2. ¿De qué están hechos los arrecifes de coral?

   ❑ a. de agua de mar

   ❑ b. de secreciones de pólipos

   ❑ c. de depósitos de calcio

   ❑ d. de algas

3. ¿Cuál de estos no es uno de los tres tipos principales de arrecifes coralinos?

   ❑ a. atolón

   ❑ b. arrecife costero

   ❑ c. arrecife en espiral

   ❑ d. arrecife de barrera

4. ¿Qué causa el blanqueamiento de los corales?

   ❑ a. el aumento de las temperaturas del agua

   ❑ b. la luz del sol

   ❑ c. los depósitos de calcio

   ❑ d. el exceso de peces que se alimentan de ellos

5. ¿Cuál de las siguientes soluciones requiere de la experiencia de un ingeniero genético?

   ❑ a. colocar corales sanos sobre los corales dañados

   ❑ b. bombear agua fría sobre el coral moribundo

   ❑ c. construir una barrera con coral natural

   ❑ d. clonar coral saludable

Demuestra lo que sabes del vocabulario y la gramática.

B. Busca en la lectura las palabras resaltadas que mejor concuerden con cada una de estas definiciones y escríbelas al lado del significado correcto.

1. _____ : ecosistemas marinos de sustancia dura y rocosa formada por pólipos

2. _____ : decoloración provocada por temperaturas anormalmente altas del agua

3. _____ : concentraciones de ácido que matan el coral

4. _____ : producido o segregado

5. _____ : en una relación mutuamente beneficiosa

6. _____ : comunidades biológicas de organismos que interactúan entre sí

7. _____: ingenieros que buscan influir en el clima o el ambiente para modificarlo y reducir el calentamiento global

8. _____: ingenieros que manipulan o transfieren los genes de un organismo

9. _____: ingenieros que usan enzimas y organismos vivos para crear soluciones nuevas

10. _____: ingenieros que usan el conocimiento de las matemáticas y la física para aplicar soluciones

El pretérito perfecto simple es el pasado simple. Ejemplos: *Fui* a la playa. *Él nadó* en el mar.

C. Subraya el pretérito perfecto simple en las oraciones que lo tienen.

1. Las acciones humanas han degradado el medio ambiente.

2. El científico viajó para estudiar los arrecifes del Caribe.

3. Me gustaría ver los arrecifes de coral de cerca.

4. El explorador investigó el Caribe en el siglo XIX.

5. La bióloga estudió los peces que viven entre los corales.

6. Los ingenieros construyeron estructuras para proteger los corales.

D. Escribe cuatro oraciones con verbos en pretérito perfecto simple.

1. _____

2. _____

3. _____

4. _____

Si el sujeto en la oración realiza una acción sobre sí mismo, entonces el verbo es reflexivo y el pronombre utilizado para recibir la acción también es reflexivo. Ejemplos: *Me baño* en el mar. *Ella se prepara* para ir a nadar.

E. Usa verbos reflexivos para completar la oración.

1. Él _____ bien para sus exámenes.

2. Nosotros _____ en una playa hermosa.

3. Tú _____ la piel antes de salir al sol.

4. Ustedes _____ a viajar por el mundo.

F. Escribe cuatro oraciones usando verbos reflexivos.

1. _____

2. _____

3. _____

4. _____

La *x* tiene diferentes sonidos en español dependiendo de su posición en la palabra. Si está entre dos vocales o al final de la palabra suena como /ks/. Si está al inicio su pronunciación más frecuente es /s/ y en algunas palabras del náhualt el sonido es /ch/ o /sh/. También puede tener el sonido /j/.

G. Marca en la tabla qué sonido tiene la *x* en cada una de las siguientes palabras.

Palabra	/ks/	/j/	/sh/ o /ch/	/s/
1. Xel-HA				
2. México				
3. textura				
4. próximo				
5. xilófono				
6. extranjero				
7. xenofobia				
8. Oaxaca				

H. Escoge dos de las palabras de la tabla anterior y escribe una oración con cada una de ellas. Asegúrate de usar los géneros y números correctos.

1. _____

2. _____

● **Practica lo que sabes sobre ingeniería y matemáticas.**

I. Haz este ejercicio de forma independiente o con un(a) compañero(a).

> **Materiales:**
>
> - Calculadora o papel y lápiz
>
> Entre 1985 y 2012, la tasa de estrés causada por las altas temperaturas en los arrecifes de coral aumentó a un ritmo de .111 veces por año. Si continuamos al mismo ritmo, ¿cuánto aumentará el nivel de estrés de los arrecifes de coral de 1985 a 2050?
>
> Usa la siguiente ecuación matemática para determinar cuánto aumentará el estrés causado por las altas temperaturas en los arrecifes de coral en los próximos años:
>
> ritmo de aumento de estrés por año (.111) X número de años (65) = tasa de estrés
>
> El nivel de estrés de los arrecifes de coral aumentará _____ veces.

J. Los ingenieros usan sus conocimientos sobre las matemáticas y las ciencias para buscar soluciones a problemas que afectan en nuestra vida diaria. ¿Cómo te podrían ayudar las matemáticas a buscar una solución a un problema ambiental? Da un ejemplo.

_____

_____

_____

¡Investiga!

K. Utiliza el Internet para buscar algunas soluciones o tecnologías innovadoras que los ingenieros están usando para resolver los problemas relacionados con el cambio climático. Descríbelas y responde: ¿Cómo ayudan la ingeniería y la tecnología a contrarrestar o prevenir los efectos negativos del cambio climático? Escribe de cuatro a cinco párrafos sobre lo que aprendiste y presenta la información.

Algunas tecnologías ayudan a salvar los arrecifes.

Claude Cohen-Tannoudji: Premio Nobel de Física

El Dr. Claude Cohen-Tannoudji es un físico, nacido en 1933 en Constantina, Argelia, de descendencia sefardí. Los familiares del Dr. Cohen-Tannoudji eran originarios de la ciudad de Tánger en Marruecos. Después se establecieron en Túnez y, debido a persecuciones religiosas, llegaron a Argelia.

En 1830 Argelia se convirtió en una colonia de Francia, y los judíos que vivían allí, como la familia del Dr. Cohen-Tannoudji, obtuvieron la ciudadanía francesa en 1870.

La familia de Cohen-Tannoudji vivía modestamente. Su principal preocupación era la educación. Su padre era autodidacta y tenía una gran curiosidad intelectual. Él le transmitió a Claude el gusto por los estudios y el deseo de compartir sus conocimientos con otros.

En 1953, Claude Cohen-Tannoudji se mudó a Francia y se graduó como físico en 1957. Más tarde, en 1962, se doctoró en física en la Escuela Normal Superior de París. En 1973 trabajó como director de Física atómica y nuclear del *Collège de France* y ha sido miembro de varias instituciones. Una de las más destacadas es la Academia de Ciencias de París. A lo largo de su trayectoria profesional, el Dr. Cohen-Tannoudji ha recibido premios y distinciones. Actualmente, trabaja como investigador en el Laboratorio de Física en la Escuela Normal Superior de París.

El Dr. Cohen-Tannoudji fue pionero en la investigación de procedimientos para enfriar, ralentizar y atrapar átomos con rayos láser. Junto a otros científicos, desarrolló técnicas que resultaron en una serie de aplicaciones, como relojes atómicos

El Dr. Cohen-Tannoudji fue pionero en la investigación de procedimientos para enfriar, ralentizar y atrapar átomos con rayos láser.

más exactos y aparatos más precisos para medir la gravedad. En 1997, Cohen-Tannoudji recibió el Premio Nobel de Física en reconocimiento al desarrollo de métodos de enfriamiento y atrapamiento de átomos con luz láser. Este premio lo compartió con dos físicos estadounidenses, Steven Chu y William D. Phillips, quienes también consiguieron ralentizar átomos.

El uso del láser para ralentizar átomos

Cohen-Tannoudji estuvo entre los primeros científicos en proponer el uso del láser para desacelerar los átomos. Esta tecnología consiste en bombardear un átomo con la luz de un láser. Los fotones de la luz del láser se mueven lo suficientemente rápido (a la velocidad de la luz) para producir un impulso que frena los átomos con sus impactos. Al golpear los átomos y frenarlos, estos se enfrían y bajan la velocidad con que se mueven.

En 1985, el científico Steven Chu y su equipo de investigadores lograron enfriar átomos y ralentizarlos o ponerlos más lentos. En 1995, Cohen-Tannoudji y su equipo lograron enfriar y ralentizar los átomos aún más. Esto ha permitido, desde entonces, a los científicos introducir mejoras en muchas tecnologías.

Un ejemplo muy importante de tecnologías que se benefician del trabajo de Cohen-Tannoudji son los relojes atómicos. Los relojes atómicos utilizan átomos para medir el tiempo. Cuanto mayor es el control del reloj sobre los átomos, más preciso es el reloj. La exactitud de los relojes atómicos es muy importante porque permite mejorar la navegación espacial y el Sistema de Posicionamiento Global (en inglés GPS). Atrapar átomos también es de gran utilidad para medir la fuerza de la gravedad en un lugar determinado de la Tierra.

Sin lugar a dudas, el Dr. Cohen-Tannoudji ha contribuido grandemente a mejorar la ciencia y, a su vez, la calidad de vida de los seres humanos alrededor de todo el mundo.

Los relojes atómicos, como este en Berlín (Alemania), utilizan átomos para medir el tiempo.

● Demuestra lo que comprendiste.

A. Escoge la mejor respuesta para cada una de las siguientes preguntas.

1. ¿Por qué tuvo que huir la familia de Claude Cohen-Tannoudji?

   ❑ a. porque querían vivir en Tánger

   ❑ b. porque querían obtener la ciudadanía francesa

   ❑ c. porque querían escapar de una persecución religiosa

   ❑ d. porque querían tener una mejor educación

2. ¿Con qué propósito usó el Dr. Cohen-Tannoudji los rayos láser?

   ❑ a. para crear relojes más exactos

   ❑ b. para desacelerar los átomos

   ❑ c. para medir distancias

   ❑ d. para medir la fuerza de la gravedad

3. ¿Qué hace Claude Cohen-Tannoudji con los fotones?

   ❑ a. Los usa para bombardear a los átomos y frenarlos.

   ❑ b. Los usa para medir la velocidad.

   ❑ c. Los usa para enfriar los rayos láser.

   ❑ d. Los usa para medir la temperatura.

4. ¿Cómo se logra un reloj atómico más preciso?

   ❑ a. mediante el control de la temperatura ambiente

   ❑ b. mediante el control del lugar donde se mide el tiempo

   ❑ c. mediante la medida de una hora desconocida

   ❑ d. mediante el control sobre los átomos

5. ¿Por qué quieren los científicos ralentizar los átomos?

   ❑ a. porque quieren aumentar su temperatura

   ❑ b. porque quieren que se muevan más rápido

   ❑ c. porque quieren controlarlos para tomar medidas más exactas

   ❑ d. porque quieren que generen más luz y mayor energía

● Demuestra lo que sabes del vocabulario y la gramática.

B. Busca en la lectura las palabras resaltadas que mejor concuerden con cada una de estas definiciones y escríbelas al lado del significado correcto.

1. _____ : ciencia que estudia las propiedades de la materia, y la energía, y las relaciones entre ambas

2. _____ : pequeñas partículas de luz

3. _____ : fuerza que ejerce la Tierra hacia su centro sobre todos los cuerpos

4. _____ : que estudia el comportamiento de los átomos

5. _____ : que estudia las propiedades del núcleo de los átomos

6. _____ : partículas formadas por un núcleo, rodeado de electrones

7. _____: acción y efecto de bajar la temperatura

8. _____: hacer más lenta una actividad o un proceso

9. _____: acción de atrapar o capturar algo

10. _____: dispositivo electrónico que crea un rayo
de luz concentrada

El complemento circunstancial da información sobre las circunstancias en las que ocurre la acción del verbo. Ejemplo: *El Dr. Claude Cohen-Tannoudji ha contribuido **grandemente** a mejorar la ciencia.* (complemento circunstancial de grado)

C. Identifica qué pregunta contesta el complemento circunstancial subrayado.

¿dónde?	¿cuándo?	¿cuánto?
1. _____	El Dr. Claude Cohen-Tannoudji es un físico nacido <u>en 1933</u>, en Constantina, Argelia.	
2. _____	La familia del Dr. Cohen-Tannoudji, que era originaria de la ciudad de Tánger, se estableció <u>en Túnez</u>.	
3. _____	Un ejemplo <u>muy</u> importante son los relojes atómicos.	
4. _____	La familia se estableció <u>después</u> en Argelia, en el siglo XVI.	

D. Escribe qué tipo de complemento circunstancial se usó en cada oración de la actividad C: complemento circunstancial de tiempo, de lugar, o de grado.

1. _____

2. _____

3. _____

4. _____

El adverbio es una palabra que modifica un verbo, un adjetivo u otra categoría gramatical. Ejemplo: *Los fotones de la luz del láser se mueven **rápidamente**.*

E. Forma y escribe adverbios con las siguientes palabras.

1. modesto _____

2. actual _____

3. original _____

4. suficiente _____

F. Escribe una oración con cada uno de los adverbios que formaste en la actividad E.

1. _____

2. _____

3. _____

4. _____

● Practica lo que aprendiste sobre ciencia y tecnología.

G. Haz el proyecto de forma independiente o con tus compañeros(as).

Materiales:

- una computadora con un programa que permita hacer dibujos
- papel y lápiz

Los rayos láser se utilizan de diferentes formas: para medir distancias, para leer un código de barras, para leer información digital como un CD o un DVD, para eliminar marcas en la piel o para realizar operaciones en pacientes con distintas condiciones médicas.

Imagina que estás investigando otra forma de usar los rayos láser y debes inventar un equipo para ponerla en práctica. Busca ejemplos de equipos que utilizan esta tecnología, que te sugieran ideas para tu diseño. Si no tienes acceso a una computadora, puedes usar papel y lápiz para dibujar tu diseño.

H. Responde las preguntas.

1. ¿Cuál es el propósito de tu invención?

_____

_____

_____

_____

_____

2. ¿Cómo usarías tu invento?

_____

_____

_____

_____

_____

3. ¿Quiénes pueden beneficiarse de él?

_____

_____

_____

_____

_____

● ¡Investiga!

I. Con un(a) compañero(a), investiga en el Internet sobre la tecnología del átomo o sobre alguna otra tecnología moderna. ¿Cómo se está aplicando esta tecnología hoy en día? ¿Qué industrias se están beneficiando de esta tecnología? ¿Qué otros científicos han destacado en este campo de la ciencia? Escribe cuatro o cinco párrafos y presenta la información a la clase.

Muchas industrias se benefician de la tecnología del átomo.

_____
_____
_____
_____
_____
_____
_____
_____
_____
_____
_____
_____
_____
_____
_____
_____
_____
_____
_____
_____
_____
_____
_____
_____
_____
_____
_____

La ingeniería del agua en la Edad Media

En la Edad Media, entre los años 711 y 1492, convivieron varias culturas en la región que hoy forma el continente Europeo. Los cristianos, los musulmanes y los judíos compartieron sus tradiciones y conocimientos. Esto trajo una expansión intelectual y cultural que transformó las ciencias y cambió la historia del mundo. Durante este periodo, se construyeron edificaciones como los palacios de la Alhambra y el Generalife en lo que hoy es España. Estas edificaciones utilizaban ingeniosos sistemas de acueductos e ingeniería acuífera para poder abastecerse de agua.

Los romanos habían desarrollado un sistema de acueductos para llevar agua a varias ciudades. Con la llegada de los musulmanes, se introdujeron conceptos de ingeniería acuífera traídos de Persia y del Medio Oriente, como la noria o rueda de agua persa, la cual se usa para extraer el agua, elevarla y utilizarla con mayor facilidad.

La fuente en el Patio de los Leones, en la Alhambra de Granada, es un ejemplo de cómo el agua era utilizada para decorar los palacios y las casas musulmanas.

La demanda de abastecimientos de agua en la región inspiró a los ingenieros y arquitectos musulmanes a inventar nuevas formas de llevar agua a sus ciudades o *medinas* para satisfacer las necesidades de consumo de sus pobladores, para regar las tierras y para realizar ceremonias religiosas, las cuales requieren el uso de agua pura. El agua también es usada como un elemento decorativo en los palacios y en las casas musulmanas.

Los contenedores de agua, como las fuentes y albercas, eran la parte decorativa de estos sistemas. Se tallaban con formas de vegetales y geométricas, y con poemas alusivos al agua. Las albercas además servían como sistema de filtrado y decantado, para mantener el agua limpia.

El sistema hidráulico árabe

Para sacar el agua desde el río, los árabes crearon un sistema que permitía recolectar el agua a través de unos conductos debajo de la tierra, conocidos como qanats. El qanat se utilizaba para captar el agua subterránea y hacer que fluyera a la superficie. El ingeniero encargado de desarrollar estos conductos podía detectar la existencia de agua subterránea por la presencia de ciertas plantas y el color oscuro de la tierra.

Para mover el agua, también construían presas y acequias. Las presas se situaban sobre los ríos o arroyos para llevar el agua hasta las acequias. Las acequias, por su parte, se usaban para conducir el agua desde las presas, o algún otro depósito de agua superficial, hasta el sitio destinado a través de un canal que generalmente no estaba cubierto. De ahí se distribuía por varios ramales, usando fuerza de gravedad, en un recorrido descendente de varios kilómetros.

Los hogares y los baños públicos también se beneficiaban de este sistema a través de una red de cañerías de cerámica que conducían el agua y la repartían. Tenían además, pilas que dispensaban agua fría y caliente.

La Alhambra de Granada

En el siglo XIII, el sultán Muhammad I decidió construir un conjunto de edificios para él y su corte en la colina de la Alhambra en Granada. Para nutrir de agua la Alhambra, el sultán ordenó diseñar un sistema hidráulico, que utilizaba la misma fuerza del agua para poder moverla de un lado a otro. A partir del

Acequia Real en la Alhambra de Granada

año 1238 comenzó la construcción de un sistema de canales conocido como la Acequia Real. Estos canales nacen en el Cerro del Sol, a 838 metros sobre el nivel del mar, y se nutren de las aguas del río Darro, a 6,100 metros del conjunto de palacios.

La Acequia Real se dividió en dos ramales: la Acequia del Tercio, que circulaba el agua a una mayor altura, y la Acequia de los Dos Tercios que llevaba el agua en una trayectoria más baja. Estas acequias llevaban agua a las diferentes áreas de la Alhambra, como baños, jardines y huertos. Para conocer la cantidad de agua que movía una acequia se utilizaba una unidad de medida llamada *fila*. La *fila* variaba, según las localidades, entre 46 a 85 litros por segundo.

La Acequia Real era de tal importancia que, a través de los siglos, los diferentes gobernantes de la región decidieron mantenerla y realizar anualmente una gran limpieza. Así permaneció, hasta que se instaló un nuevo sistema y la Acequia Real dejó de ser utilizada. Hoy queda muy poco de esta original obra de ingeniería medieval.

Fuentes de agua en la Alhambra de Granada

● Demuestra lo que comprendiste.

A. Escoge la mejor respuesta.

1. ¿Quiénes habían construido acueductos en la región antes de los musulmanes?
    - ❏ a. los árabes
    - ❏ b. los Reyes Católicos
    - ❏ c. los romanos
    - ❏ d. los persas

2. ¿Qué tipo de contenedor se usaba para decantar y guardar agua limpia?
    - ❏ a. una alberca
    - ❏ b. una fuente
    - ❏ c. una acequia
    - ❏ d. una presa

3. ¿Cómo se extraía el agua subterránea con el sistema hidráulico?
    - ❏ a. Se llevaba el agua desde un depósito de agua superficial hasta el sitio destinado.
    - ❏ b. Se construían unas presas sobre los ríos o arroyos.
    - ❏ c. Se estudiaban las plantas y el color oscuro de la tierra.
    - ❏ d. Se utilizaba un *qanat* que captaba el agua y la hacía subir a la superficie.

4. ¿Cuál era el propósito principal de la Acequia Real?
    - ❏ a. distribuir el agua a otras ciudades
    - ❏ b. abastecer de agua la Alhambra
    - ❏ c. extraer el agua subterránea
    - ❏ d. dispensar agua fría y caliente

5. ¿Cuál era el origen o la fuente de agua de la Acequia Real?
    - ❏ a. la colina de la Alhambra
    - ❏ b. el Cerro del Sol
    - ❏ c. el río Darro
    - ❏ d. el sistema hidráulico

● Demuestra lo que sabes del vocabulario y la gramática.

B. Busca en la lectura las palabras resaltadas que mejor concuerden con cada una de estas definiciones y escríbelas al lado del significado correcto.

1. _____: zanja o canal por donde circula el agua que se usa para regar y para otros fines

2. _____: conductos de agua formados por canales o por arcos levantados

3. _____: satisfacer sus necesidades de consumo

4. _____: proceso de dejar caer el agua de un contenedor a otro para separar el líquido de los residuos y obtener agua limpia

5. _____: canales o conductos que salen de uno principal

6. _____: conductos formados por caños o tubos por donde sale un chorro de un líquido

7. _____ : unidad de medida para líquidos

8. _____ : que está bajo tierra o por debajo de la superficie terrestre

9. _____ : unidad de medida de longitud

10. _____ : conocimiento y utilización de técnicas para extraer aguas subterráneas de un terreno

Recuerda que el adverbio es una palabra que modifica un verbo, un adjetivo u otra categoría gramatical. Ejemplo: *Me gusta **mucho** ver las fuentes de agua.*

C. Identifica los adverbios.
- ❏ 1. generalmente
- ❏ 2. desde
- ❏ 3. así
- ❏ 4. incluir
- ❏ 5. anualmente
- ❏ 6. diferentes

Existen varias categorías de adverbios. Algunos son los de tiempo. Ejemplos: *últimamente, ayer, pronto*

D. Identifica los adverbios de tiempo.
- ❏ 1. anterior
- ❏ 2. sobre
- ❏ 3. aquí
- ❏ 4. también
- ❏ 5. después
- ❏ 6. varios

E. Identifica las oraciones que tienen algún adverbio. Subraya el adverbio.
- ❏ 1. El *qanat* se utilizaba para captar el agua subterránea.
- ❏ 2. Las albercas además servían como sistema de filtrado y decantado, para mantener el agua limpia.
- ❏ 3. El agua también era usada como un elemento decorativo.
- ❏ 4. Las presas se situaban sobre los ríos.
- ❏ 5. Con la llegada de los musulmanes se introdujeron conceptos de ingeniería acuífera.
- ❏ 6. Los hogares y los baños públicos se abastecían, principalmente, del agua de la acequia.

Una frase adverbial es una combinación de dos o más palabras que funcionan como un adverbio.

F. Identifica las oraciones con una frase adverbial. Subraya la frase adverbial.
- ❏ 1. Estas acequias suministraban agua a pozos o depósitos.
- ❏ 2. La acequia se usaba para conducir el agua.
- ❏ 3. Para nutrir de agua a la Alhambra, se diseñó un sistema hidráulico.
- ❏ 4. De ahí se distribuía agua por varios ramales usando la gravedad.
- ❏ 5. Hoy queda muy poco de la original obra de ingeniería medieval.
- ❏ 6. Antes de la llegada de los musulmanes, los romanos habían desarrollado un sistema de acueductos.

● Practica lo que aprendiste sobre ingeniería y matemáticas.

G. Haz este ejercicio de forma independiente o con un(a) compañero(a).

Materiales:

- Calculadora o papel y lápiz

El sistema oficial de medida en la mayoría de los países del mundo es el sistema métrico, cuyo nombre oficial es "Sistema Internacional de Unidades". En Estados Unidos y en el Reino Unido, se utiliza otro sistema de medida conocido como Sistema Anglosajón de Unidades.

Las unidades básicas de longitud y volumen del sistema métrico son: el metro y el litro.

Fíjate en las siguientes equivalencias.

1 metro = 3.2808 pies
para convertir metros en pies, se multiplican los metros por 3.2808
Ejemplo: Convierte 3 metros en pies.
3 x 3.2808 = 9.8424 pies

1 litro = 0.2642 galones líquidos (EE UU)
para convertir litros en galones (EE UU), se multiplican los litros por 0.2642
Ejemplo: Convierte 3 litros en galones.
3 x 0.2642 = 0.7926 galones

Utiliza las equivalencias para convertir las siguientes medidas.

1. Convierte en pies: 838 metros   = _____ pies

2. Convierte en pies: 6,100 metros   = _____ pies

3. Convierte en galones: 46 litros   = _____ galones

4. Convierte en galones: 128 litros = _____ galones

H. Responde las siguientes preguntas.

1. ¿Qué relación existe entre el metro y el pie?

_____

_____

2. ¿Qué relación existe entre el litro y el galón?

_____

_____

3. ¿En qué ocasiones de la vida cotidiana se usan estas medidas?

_____

_____

● ¡Investiga!

I. Investiga en el Internet acerca de otras aportaciones árabes
    a la civilización occidental en el campo de la ingeniería y las
    matemáticas. ¿Cómo contribuyeron estas aportaciones?
    ¿Se usan todavía? Escribe cuatro o cinco párrafos sobre
    lo que aprendiste.

El Patio de los Leones, en la Alhambra de Granada

_____

_____

_____

_____

_____

_____

_____

_____

_____

_____

_____

_____

_____

_____

_____

_____

_____

_____

_____

_____

_____

_____

_____

_____

_____

_____

_____

_____

_____

_____

La agricultura en Costa Rica

Las frutas y verduras que los consumidores obtienen en los supermercados, cafeterías, restaurantes y otros lugares son el resultado de un largo y cuidadoso proceso de cultivo. Estos cultivos requieren de tiempo y energía y necesitan un acceso adecuado al agua, a la luz solar y a suelos con una mezcla adecuada de nutrientes.

Costa Rica cuenta con una combinación de suelos volcánicos fértiles y bosques tropicales que lo convierten en un lugar idóneo para el cultivo de diferentes tipos de plantas. Gracias a ello, la agricultura y la exportación de sus productos son unos de los sectores más importantes de la

Frutas y verduras en un supermercado

economía del país. Casi el 10% de la tierra de Costa Rica está dedicada al cultivo, y cerca del 14% de la población trabaja en la industria agrícola, lo que significa que más de 670,000 personas dependen de ella. Dentro de la gran variedad de productos agrícolas que se producen en Costa Rica se encuentran los plátanos, el café, el azúcar y la piña.

En la actualidad, hay dos métodos principales de cultivo en Costa Rica: la agricultura de plantación y la permacultura.

La agricultura de plantación

La agricultura de plantación es el estilo empleado por la mayoría de los sembradíos comerciales. De estos cultivos se obtienen los productos de algunas de las marcas que comúnmente se encuentran en los supermercados. La agricultura de plantación está diseñada para producir grandes cantidades de alimentos de forma rápida y, por esta razón, sus siembras son usualmente de monocultivos. El monocultivo es una plantación donde se cultiva una sola especie o tipo de producto. Aunque estos sembradíos son

Agricultura de plantación

favorables para el negocio de la agricultura, no son saludables para la tierra circundante. Por ejemplo, para sembrar grandes cantidades de una misma especie de planta, hay que talar los árboles de la zona. Eso hace que los bosques pierdan la biodiversidad y se alteren o desaparezcan sus ecosistemas.

Costa Rica cuenta con extensos bosques naturales donde coexisten, habitan y se alimentan una gran diversidad de plantas y animales. Los científicos que estudian la flora y fauna de Costa

Rica han descubierto que en este país se encuentra aproximadamente el 6% de la biodiversidad de la Tierra, y que gran parte de ese porcentaje está en los bosques. Por esta razón, la deforestación que ocurre al hacer espacio para los monocultivos afecta a las plantas, a los animales y a las personas que hacen del bosque su hogar. La destrucción del hábitat, sin embargo, es solo uno de los problemas que causan las plantaciones de monocultivo.

Los monocultivos desgastan los nutrientes del suelo, mientras que los cultivos variados son más saludables para el terreno.

Para los agricultores es importante mantener cultivos de alto rendimiento y garantizar su medio de sustento. Por ello, muchos emplean grandes cantidades de pesticidas en sus plantaciones para evitar que plagas, como los insectos, dañen los cultivos, propaguen enfermedades y reduzcan el rendimiento de las cosechas. Los pesticidas pueden acabar con la fauna y la flora cercanas a los cultivos, además de poner en riesgo la salud humana. Otro inconveniente que presenta el monocultivo es que este muchas veces requiere del uso de grandes maquinarias, las cuales utilizan combustibles fósiles. Estos combustibles contaminan el ambiente porque emiten gases nocivos para el efecto invernadero. Si bien este método de agricultura nos permite tener plátanos baratos todo el año, resulta muy perjudicial para el medio ambiente.

La permacultura respeta los patrones de la naturaleza.

La permacultura

Afortunadamente, la permacultura es el tipo principal de agricultura que se utiliza en Costa Rica. Este método se enfoca en observar los patrones ecológicos de la naturaleza para incorporarlos en el proceso de cultivo, en lugar de intentar cambiarlos o ir en su contra. Por lo tanto, requiere que las personas presten atención a cómo funciona la naturaleza para poder construir un sistema regenerativo. Para esto, primero se debe conocer muy bien la tierra en la cual se va a cultivar: qué plantas crecen bien allí, y cómo las plantas y los animales interactúan entre sí en ese hábitat.

Mientras en la agricultura de monocultivo se utilizan fertilizantes químicos para obtener productos de alto rendimiento, en las siembras de permacultura se usan métodos naturales. Por ejemplo, en lugar de utilizar pesticidas para evitar las plagas, los agricultores usan insectos nocivos, como las mariquitas, para ahuyentar a plagas, como los pulgones, y mantenerlas lejos de los cultivos. Para mantener los nutrientes del suelo, los agricultores usan plantas que sirven como fijadoras de nitrógeno en la tierra y estiércol de animales de granja para fertilizar los cultivos.

Debido a su diseño y gran variedad de frutos, el nivel de producción de los cultivos de permacultura no será tan alto como el de una plantación de monocultivo. Por ello es muy importante que a la hora de tomar la decisión de administrar un cultivo de permacultura, los agricultores calculen primero el tamaño del área que necesitarán, qué tipos de animales sería beneficioso tener, y cuántos sacos de semillas deberían comprar.

A pesar de las diferencias en los costos para producir alimentos, muchas personas en Costa Rica prefieren la permacultura por su diversidad de cultivos y sus medios sostenibles.

● Demuestra lo que comprendiste.

A. Escoge la mejor respuesta.

1. ¿Cuál de los siguientes elementos mencionados en la lectura no es necesario para el crecimiento de las plantas?

   ❑ a. suelo

   ❑ b. luz solar

   ❑ c. pesticidas

   ❑ d. agua

2. ¿Qué quiere decir el autor cuando escribe que Costa Rica tiene casi el 6% de la biodiversidad de la Tierra?

   ❑ a. que Costa Rica tiene el 6% de los animales que se encuentran en los países centroamericanos

   ❑ b. que Costa Rica le sirve de hogar al 6% de los diferentes tipos de vida que existen en el planeta

   ❑ c. que el 6% de la población de Costa Rica apoya la biodiversidad

   ❑ d. que el 6% de los hábitats en Costa Rica son diferentes

3. ¿Por qué los pesticidas pueden causar problemas?

   ❑ a. porque el uso de pesticidas está prohibido en la mayoría de los países

   ❑ b. porque algunos pesticidas bajan el rendimiento de los cultivos

   ❑ c. porque los pesticidas son costosos y aumentan los gastos de la producción de alimentos

   ❑ d. porque pueden tener riesgos para la salud humana y matar animales y plantas

4. ¿Cuál de las diferencias entre el monocultivo y la permacultura no se discute en el texto?

   ❑ a. La permacultura está destinada a durar para siempre, mientras que el monocultivo solo es útil durante un corto periodo de cultivo.

   ❑ b. El monocultivo utiliza pesticidas, mientras que la permacultura no.

   ❑ c. La permacultura busca construir un sistema regenerativo, mientras que el monocultivo depende de un solo cultivo.

   ❑ d. El monocultivo requiere de un terreno de gran extensión, mientras que la permacultura se puede hacer en variedad de terrenos.

5. ¿Por qué es importante la agricultura para la economía costarricense?

   ❑ a. porque Costa Rica tiene gran diversidad de plantas y animales

   ❑ b. porque Costa Rica cuenta con un suelo fértil, bueno para el cultivo

   ❑ c. porque un gran porcentaje de costarricences prefiere la permacultura

   ❑ d. porque casi el 14% de la población depende de la agricultura para vivir

● Demuestra lo que sabes del vocabulario y la gramática.

B. Busca en la lectura las palabras resaltadas que mejor concuerden con cada una de estas definiciones y escríbelas al lado del significado correcto.

1. _____ : pérdida masiva de árboles en una misma región

2. _____ : población de plantas o animales que tienen características en común

3. _____ : agricultura sostenible y autosuficiente

4. _____ : método que aprovecha el equilibrio ecológico de la naturaleza para mantener poblaciones saludables y en balance

5. _____ : ciencia del cultivo de la tierra para la producción de alimentos

6. _____ : sustancias que se usan para eliminar organismos nocivos para los cultivos

7. _____ : fertilizante de origen animal que proporciona nutrientes a la tierra

8. _____ : el cultivo de una sola especie en un área determinada

9. _____ : campo de cultivo para la producción comercial de alimentos

10. _____ : fruto o utilidad de algo en relación al costo o esfuerzo para obtenerlo

La oración simple tiene solo un predicado y un verbo. Ejemplo: *El Canal de Panamá* **une** *el océano Pacífico y el mar Caribe.*

C. Identifica si las siguientes oraciones son simples o compuestas.

1. _____ Juan trabaja en una plantación y cultiva plátanos.

2. _____ María compró una piña de Costa Rica en el mercado.

3. _____ Quisiera tener un gran jardín, pero vivo en un apartamento.

4. _____ ¿Es fácil cultivar alimentos?

5. _____ Los agricultores calculan el costo de los cultivos.

6. _____ Para sembrar grandes cantidades de una misma especie de planta, hay que talar los árboles de la zona.

D. Convierte las oraciones simples del ejercicio anterior en oraciones compuestas.

1. _____

2. _____

3. _____

Las abreviaturas se forman con las iniciales de las palabras principales que forman el nombre de algo, y si ese conjunto de letras se puede leer como una palabra se le llama acrónimo. Por ejemplo, CITMA es un acrónimo para Ministerio de Ciencia, Tecnología y Medio Ambiente. Las abreviaturas y los acrónimos se escriben en mayúscula y sin puntos ni espacios.

E. Elige la abreviatura o el acrónimo correcto para la entidad subrayada.

1. La <u>Organización Mundial del Comercio</u> crea las reglas sobre el comercio agrícola entre países.

   ❏ a. O.M.C.　　　　　　❏ b. omc　　　　　　❏ c. OMC

2. El <u>Sistema Nacional de Áreas de Conservación</u> se especializa en la formulación de políticas de conservación ambiental en Costa Rica.

   ❏ a. SINAC　　　　　　❏ b. SNDADC　　　　　　❏ c. Si.N.A.C.

3. La <u>Organización de las Naciones Unidas</u> promueve el desarrollo sostenible del medio ambiente.

   ❏ a. onu　　　　　　❏ b. ONU　　　　　　❏ c. O.N.U.

Los símbolos y las abreviaturas son representaciones de palabras científicas, matemáticas o técnicas, más comúnmente, unidades de medida, monedas y productos químicos.

F. Relaciona la palabra con el símbolo o la abreviatura que le corresponde.

1. porciento	a. ac
2. libras	b. mi
3. dólar	c. lbs
4. millas	d. $
5. acres	e. %

G. Escribe una oración con cada una de las palabras abreviadas del ejercicio anterior. Asegúrate de que el número y el género del predicado concuerden.

1. _____

2. _____

3. _____

4. _____

5. _____

● Practica lo que aprendiste sobre ciencia y matemáticas.

H. Haz este ejercicio de forma independiente o con un(a) compañero(a).

Materiales:

• Calculadora o papel y lápiz

Un agricultor va a hacer un pedido de semillas para su cultivo y necesita averiguar cuántas semillas necesita comprar. El agricultor debe plantar 13 semillas de frijol por metro en cada hilera, y una hilera tiene 15 metros de largo.

Para calcular cuántas semillas necesita, el agricultor debe usar las siguientes ecuaciones:

número de semillas por metro X número de metros = número de semillas por hilera

número de semillas por hilera X número de hileras = número de semillas por cultivo

Intenta hacer la multiplicación para calcular las respuestas.

1. ¿Cuántas semillas necesitará el agricultor para sembrar una hilera?

Necesitará _____ semillas para sembrar una hilera.

2. ¿Cuántas semillas necesitará el agricultor para sembrar 12 hileras?

Necesitará _____ semillas para sembrar 12 hileras.

● ¡Investiga!

I. Diseña y describe tu propio jardín de permacultura. Investiga en el Internet sobre cómo establecer las zonas de plantas en permacultura y qué tipos de plantas y animales funcionan bien juntos. Dibuja o representa de alguna manera visual tu jardín, y escribe una descripción del mismo. Asegúrate de incluir detalles sobre qué plantas elegiste y por qué.

Cultivo de permacultura

El Ferrocarril del Canal de Panamá

Los trenes y los ferrocarriles son tan comunes que es difícil imaginar una época en la que fueran toda una innovación y estuvieran a la vanguardia de la tecnología del transporte. El primer tren moderno fue una máquina de vapor construida en 1804 por Richard Trevithick y Andrew Vivian, en Gales. Aunque el país de Gales se encuentra a más de 5,000 millas de Panamá, la tecnología de la máquina de vapor resultó ser tan útil que pronto se extendió por todo el mundo, incluyendo Centroamérica.

En la actualidad, hay ferrocarriles funcionales en casi todos los países de Centroamérica, pero el más antiguo y más famoso es el del Canal de Panamá. Su construcción comenzó en 1850 y se completó cinco años después. Su ruta tiene una extensión de casi 48 millas (77 kilómetros) de largo y sirve de conexión entre la ciudad de Colón, en la costa atlántica, y la ciudad de Panamá, en el océano Pacífico. Esta línea es el ferrocarril transcontinental más antiguo del mundo.

La construcción del ferrocarril

La construcción del ferrocarril fue una tarea difícil. Partes de las vías tuvieron que ser colocadas a través de terrenos pantanosos, lo que provocó que muchos árboles y otros tipos de vegetación fueran arrancados y talados. Luego tuvieron que rellenar estos pantanos con arena y grava para que las vías del ferrocarril no se inundaran cuando subiera el nivel del agua en el suelo, como ocurre cuando suben las mareas en la costa. Las casas que construyeron a lo largo del ferrocarril para los obreros también tuvieron que ser construidas sobre postes o pilotes para evitar inundaciones. Pero estos no fueron los únicos desafíos con los que se encontraron los trabajadores. Al llegar al Río Chagres, después de haber completado 23 millas de camino, tuvieron que construir un puente. Este fue el primero de más de 150 puentes y alcantarillas que permitieron a los trabajadores cruzar y drenar varios cuerpos de agua en la ruta del ferrocarril.

Los ingenieros también tuvieron que hacer excavaciones para permitir que el ferrocarril cruzara por un área montañosa, ya que este no podía subir ni bajar rampas muy empinadas. Allí descubrieron que necesitarían remover entre 6 y 12 metros de tierra para que la vía tuviera una pendiente

Máquina de vapor

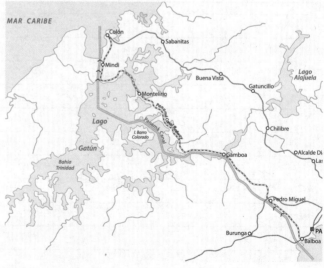

Mapa del Ferrocarril del Canal de Panamá

o inclinación máxima de 11.4 metros por kilómetro o 1.14%. La excavación del terreno tomó varios meses.

Las tecnologías de la época

Trabajadores de la construcción del Canal

Muchas de las tecnologías que usaban los trabajadores en la década de 1850 para construir un proyecto de este nivel eran diferentes a las tecnologías disponibles en la actualidad. Los obreros de la construcción usaban máquinas de hinca de pilotes de vapor para colocar postes de apoyo o pilotes en el suelo, góndolas y locomotoras de vapor para arrastrar las maquinarias y materiales, así como herramientas anticuadas como machetes, hachas, picos y palas para limpiar los terrenos y construir las vías.

La máquina de hinca de pilotes resultó ser una tecnología grandiosa para los trabajadores ferroviarios del Canal de Panamá, ya que permitía clavar los postes más profundamente en el suelo y hacerlo mucho más rápido de lo que los trabajadores podían hacer a mano. Las góndolas, por su parte, eran una especie de vagones o carros de carga abiertos que se utilizaban para transportar metales y otros materiales pesados necesarios para la construcción del ferrocarril. Estos vagones eran colocados en las vías y de ellos se sacaban los materiales, según lo que necesitaban los constructores. Luego las góndolas eran arrastradas por la locomotora a medida que se construían las vías. Esto era mucho más fácil y económico que transportar materiales de construcción en carretillas o en animales de carga.

Sin la llegada de este innovador sistema ferroviario, no hubiera sido posible la construcción del Canal de Panamá, y la historia de América Central y su comercio con América del Norte y del Sur sería diferente. Fue un proyecto muy difícil, en el que los ingenieros se enfrentaron a grandes desafíos tales como atravesar pantanos, construir puentes lo suficientemente fuertes para resistir las frecuentes inundaciones y encontrar nuevas tecnologías que aceleraran el proyecto. Al final, los ingenieros y trabajadores del proyecto tuvieron éxito, ya que el ferrocarril sigue funcionando hoy en día.

Locomotoras en el Ferrocarril del Canal de Panamá

● Demuestra lo que comprendiste.

A. Escoge la respuesta correcta.

1. ¿Cuándo se construyó la primera máquina de vapor?
   - ❑ a. 1900
   - ❑ b. 1850
   - ❑ c. 1855
   - ❑ d. 1804

2. ¿Para qué se utilizaron los carros góndola en la construcción del Ferrocarril del Canal de Panamá?
   - ❑ a. para transportar a los trabajadores arriba y abajo del ferrocarril
   - ❑ b. para transportar metales y otros materiales durante la construcción
   - ❑ c. para subir y bajar las empinadas montañas cerca del ferrocarril
   - ❑ d. para repartir los almuerzos de los trabajadores

3. ¿Qué tipo de terreno no tenía que atravesar el ferrocarril?
   - ❑ a. un terreno pantanoso
   - ❑ b. un terreno montañoso
   - ❑ c. un terreno inundable
   - ❑ d. un terreno subcontinental

4. ¿Por qué utilizaron pilotes en la construcción del ferrocarril?
   - ❑ a. porque necesitaban excavar montañas muy altas
   - ❑ b. porque necesitaban elevar las vías para que no se inundaran
   - ❑ c. porque necesitaban hacer carreteras junto a las vías
   - ❑ d. porque necesitaban mover el equipo en góndolas

5. ¿Qué famoso proyecto de ingeniería fue posible gracias a la construcción de este ferrocarril?
   - ❑ a. el Canal de Panamá
   - ❑ b. la ruta del Quetzal
   - ❑ c. la carretera Panamericana
   - ❑ d. el puente transatlántico

● Demuestra lo que sabes del vocabulario y la gramática.

B. Busca en la lectura las palabras resaltadas que mejor concuerden con cada una de estas definiciones y escríbelas al lado del significado correcto.

1. _____: que atraviesa un continente

2. _____: sistemas de transporte de personas o mercancías sobre una vía férrea

3. _____: un tipo de motor que utiliza la condensación del vapor para generar energía

4. _____: algo nunca antes hecho

5. _____: grupo de plantas

6. _____: en la primera posición o adelantado a los demás

7. _____: túneles de desagüe que están debajo del ferrocarril

8. _____ : hoyos o cavidades que se hacen en un terreno al remover material del suelo

9. _____ : cuesta o declive; medida de la inclinación de una recta

10. _____ : terrenos poco profundos donde se estanca el agua de forma natural

Un verbo condicional expresa un deseo, una hipótesis o una suposición. Ejemplo: *Sería maravilloso viajar en el Ferrocarril del Canal de Panamá.*

C. Subraya el verbo condicional en cada oración.

1. Después de investigar cómo se construyen los ferrocarriles, Juan piensa que podría construir su propio modelo.

2. Él no viviría en una casa sobre pilotes.

3. A los encargados de diseñar el Ferrocarril del Canal de Panamá les habría gustado que el proyecto fuese menos costoso.

4. Creo que sería un trabajo muy arduo construir un ferrocarril.

D. Escribe dos oraciones con verbos condicionales.

1. _____

2. _____

Los símbolos y las abreviaturas son representaciones de palabras científicas, matemáticas o técnicas, más comúnmente, unidades de medida, monedas y productos químicos.

E. Usa las abreviaturas o los símbolos correctos para reescribir las siguientes oraciones.

1. La ruta tiene una extensión de casi 48 millas de largo.

_____

2. Es un recorrido de unos 77 kilómetros de distancia.

_____

3. La pendiente tiene una inclinación de 1.14 porciento.

_____

Las oraciones coordinadas están formadas por frases simples conectadas por "nexos" como **y, o, pero** y **sin embargo**. Por ejemplo: *Él criticó al gobierno **pero** se disculpó.*

Las oraciones subordinadas se componen de una oración principal y de otra que depende de la oración principal. Están conectadas por palabras como **quien, si, donde, cuando, porque** y **por lo tanto**. Por ejemplo: *Él criticó a la dictadura **cuando** separaron a los niños de sus familias.*

F. Indica si las oraciones son coordinadas o subordinadas.

1. _____ Fue beneficioso que el Ferrocarril del Canal de Panamá se construyera porque sin él, no podrían haber hecho el Canal de Panamá.

2. _____ Ella nunca ha viajado en tren, pero le gustaría hacerlo.

3. _____ Los ingenieros ferroviarios se sintieron frustrados por las dificultades del terreno y tuvieron que encontrar soluciones para atravesarlo.

4. _____ La joven estudia ingeniería civil porque quiere diseñar puentes.

G. Escribe tres oraciones compuestas. Asegúrate de escribir al menos una coordinada y una subordinada.

1. _____

2. _____

3. _____

El predicado da información sobre el sujeto en una oración.

Ejemplo: *El ferrocarril* **une la costa del océano Atlántico con la del Pacífico.**

        sujeto   predicado

H. Encierra en un círculo el sujeto y subraya el predicado en cada oración.

1. La construcción del ferrocarril comenzó en 1850.

2. Los ingenieros y trabajadores de este proyecto tuvieron éxito.

3. Esta línea es el ferrocarril transcontinental más antiguo del mundo.

4. Llevó varios meses la excavación de 12 metros de tierra.

● Practica lo que aprendiste sobre ingeniería y tecnología.

I. Haz este proyecto de forma independiente o con un(a) compañero(a).

Materiales:

- Palitos o paletas de helado
- Pajitas
- Cinta adhesiva

Los ingenieros estructurales se aseguran de que lo que se vaya a construir resista el peso de todo lo que pase por encima de la edificación. En el caso de un puente, tienen que calcular, probar y construir modelos hasta que estén seguros de que el puente diseñado será capaz de aguantar el peso de los autos que pasen sobre él.

Haz tu propio diseño de un puente o un edificio con paletas de helado y pajitas. Puedes inspirarte en diseños de gran escala o en cosas más pequeñas que veas en el aula.

J. Responde las preguntas sobre tu diseño de un puente.

1. ¿En qué te inspiraste para diseñar tu puente o edificio?

_____

2. ¿Es fácil construir un puente o edificio resistente? ¿Por qué?

_____

_____

● ¡Investiga!

K. El Ferrocarril del Canal de Panamá fue considerado un tren muy moderno cuando se construyó, pero la tecnología ferroviaria y de trenes ha avanzado de muchas maneras. Busca en el Internet información sobre los ferrocarriles antiguos y los modernos. Escribe cuatro o cinco párrafos para responder la siguiente pregunta: ¿Qué tipo de avances mecánicos han logrado los ingenieros en los trenes de la actualidad? Presenta tus hallazgos.

Ferrocarril del Canal de Panamá

_____
_____
_____
_____
_____
_____
_____
_____
_____
_____
_____
_____
_____
_____
_____
_____
_____
_____
_____
_____
_____
_____
_____
_____
_____
_____
_____
_____

La ingeniería y las matemáticas de los mayas

Los mayas fueron una de las civilizaciones más avanzadas de América. Ocuparon la región de Mesoamérica, que comprende una parte de lo que conocemos hoy como México, El Salvador, Belice, Honduras, Guatemala y Nicaragua. Alrededor de toda esa región, los mayas emplearon su ingenio y habilidad para diseñar y construir estructuras y ciudades complejas.

La ingeniería de los mayas

Los mayas usaron sus conocimientos de ingeniería, la naturaleza que los rodeaba y su creatividad para crear estructuras que hoy son puntos de referencia históricos. Estas obras fueron más grandes que las de las otras civilizaciones americanas de su época. Los mayas existieron como civilización durante 3,000 años, desde más o menos el año 2,000 a. C. hasta el siglo XVI A. D.

Entre los avances de la ingeniería maya se encuentra la construcción de acueductos, canales, túneles y reservorios para irrigar las ciudades. También consiguieron usar la presión hidráulica para abastecer de agua sus ciudades ¡y hasta erigir fuentes alrededor de sus principales plazas y construcciones!

En la década pasada, se descubrió un puente colgante maya en la localidad de Yaxchilán, en el actual estado de Chiapas, en México. Se calcula que fue construido alrededor del siglo VII A. D., con roca y con soga hecha de cáñamo. Este puente medía 600 pies de largo y servía para conectar pueblos y ciudades. El puente colgante fue el más largo del mundo hasta que, 700 años más tarde, se construyó uno más extenso en Italia.

Antigua región de Mesoamérica

Otra de las maravillas de la ingeniería maya fue su habilidad para crear arcos que ampliaban los espacios interiores y exteriores. El arco corbel es uno de los más comunes de la arquitectura maya. Ejemplos de estos arcos se pueden ver en antiguas ciudades mayas como Tikal y Cahal Pech.

No obstante, lo que más caracteriza la arquitectura maya son sus templos y pirámides. Estas estructuras se construyeron con mucha precisión y cuidado. Se emplearon tecnologías como planos inclinados y materiales como piedra caliza y arena de roca. También se incluyeron escaleras de varios niveles, generalmente una por pirámide, por las que se podían subir materiales a una plataforma superior.

Las matemáticas de los mayas

El desarrollo de la ingeniería de los mayas se debió en gran medida a su conocimiento de las matemáticas. Un elemento característico del sistema numérico maya es que utilizaron el concepto del número cero. Este concepto era desconocido en Europa en esa época, y no fue desarrollado hasta mucho más tarde.

Otra característica de su sistema numérico es que se basaba en múltiplos de 20. Ese sistema se puede apreciar en el calendario maya. Además, con sus conocimientos de aritmética y de geometría, los mayas podían calcular las medidas de los lados y diagonales de un rectángulo. A esto se debe el que muchos templos y construcciones maya tengan una base rectangular.

Para calcular medidas también usaron la proporción áurea, una serie numérica reconocible en la naturaleza. Aunque se les acredita a los griegos el haber desarrollado esta destreza matemática, los arqueólogos entienden que también fue desarrollada por los mayas y utilizada para construir sus estructuras.

Aunque los mayas no tuvieron influencias de culturas europeas, africanas o asiáticas en disciplinas como la ingeniería y las matemáticas, sí tuvieron contacto con otras civilizaciones de América y adoptaron las costumbres y los avances científicos y tecnológicos de civilizaciones que vinieron antes que ellos, como los olmecas.

Lo que más caracteriza a la arquitectura maya son sus templos y pirámides.

Demuestra lo que comprendiste.

A. Escoge la respuesta correcta.

1. ¿Qué países, además de México, fueron parte de la región cultural conocida como Mesoamérica?

   ❑ a. Guatemala, El Salvador, Belice, Honduras y Nicaragua

   ❑ b. Panamá, Colombia y Brasil

   ❑ c. Estados Unidos, Guatemala y Belice

   ❑ d. Ecuador, Honduras, Guatemala y El Salvador

2. ¿Por qué se considera que la civilización maya es una de las más avanzadas de América?

   ❑ a. porque duró más de 3,000 años

   ❑ b. porque sus obras fueron más grandes que las de todas las civilizaciones de su época

   ❑ c. porque usaron sus conocimientos de las ciencias y las matemáticas para construir estructuras muy complejas

   ❑ d. porque lograron expandirse por toda la región mesoamericana

3. ¿Por qué usaban los mayas planos inclinados para construir sus templos y pirámides?

   ❑ a. porque no sabían construir escaleras

   ❑ b. porque querían construir puentes para las estructuras

   ❑ c. porque necesitaban construir reservas de agua alrededor de las pirámides

   ❑ d. porque necesitaban llevar los materiales a varios niveles de las estructuras

4. ¿Por qué desarrollaron los mayas un sistema de irrigación?

   ❑ a. para poder moverse de una ciudad a otra en barcos

   ❑ b. para poder llevar el agua al mar

   ❑ c. para abastecer de agua las ciudades

   ❑ d. para proteger el agua de otras civilizaciones

5. ¿Qué **dos** avances lograron los mayas antes que los europeos? Escoge las respuestas que apliquen.

   ❑ a. un sistema de irrigación

   ❑ b. el concepto del número cero

   ❑ c. los arcos en la arquitectura

   ❑ d. los puentes colgantes muy largos

   ❑ e. una base rectangular en el diseño de los templos

Demuestra lo que sabes del vocabulario y la gramática.

B. Busca en la lectura las palabras resaltadas que mejor concuerden con cada una de estas definiciones y escríbelas al lado del significado correcto.

1. _____: presión que se genera al usar agua para crear una fuerza mayor

2. _____: canales artificiales para conducir agua desde una distancia

3. _____: fibra fuerte de una planta que se utiliza para hacer cuerdas

4. _____: la ciencia y la tecnología relacionadas con el diseño, la construcción y el uso de motores, máquinas y estructuras

5. _____: superficies planas y en ángulo, que permiten subir objetos con menos esfuerzo

6. _____ : roca sedimentaria de carbonato de calcio que se usa para la construcción

7. _____ : suministrar agua a la tierra a través de canales

8. _____ : una relación entre dos secciones de una línea

9. _____ : área desde el centro de México hasta Nicaragua donde vivían los mayas

10. _____ : lugares naturales o artificiales donde se recoge y se conserva el agua

Las oraciones imperativas se usan para expresar pedidos, dar órdenes o dar instrucciones.
Ejemplo: **Observen** *la belleza de las pirámides mayas.*

Algunos verbos en forma imperativa tienen el pronombre incorporado.
Ejemplo: *Por favor,* **muéstrame** *el mapa de Mesoamérica.*

C. Identifica las oraciones imperativas.

❑ 1. Los mayas querían construir sus edificios con mucha precisión.

❑ 2. Préstame tu libro de matemáticas, por favor.

❑ 3. Las matemáticas son mi asignatura favorita.

❑ 4. Recuerden que los mayas no tuvieron ninguna influencia europea cuando desarrollaron sus conceptos de ciencias y matemáticas.

❑ 5. Ven a mi casa esta noche para que me ayudes con la tarea de ciencias naturales.

❑ 6. Los puentes colgantes de los mayas son muy parecidos a los de los incas.

❑ 7. Todas las construcciones de los mayas demuestran sus conocimientos e ingenio.

❑ 8. Mira las pirámides egipcias y dime si se parecen a las de los mayas.

D. Escribe dos oraciones imperativas.

1. _____

2. _____

Los *prefijos* van al principio de una palabra y nos dan una idea de su significado. Por ejemplo, en la palabra *Mesoamérica*, el prefijo *meso-* significa "medio". Por lo tanto, *Mesoamérica* significa literalmente "América media". *Mesoamérica* era una región histórico-cultural que comprendía lo que es hoy parte de México y Centroamérica.

E. Subraya la palabra con prefijo en cada oración. Escribe el prefijo.

1. _____ Muchos templos mayas usan una base rectangular en su diseño.

2. _____ El concepto del cero era desconocido en Europa en esa época.

3. _____ La construcción de acueductos y canales son algunos ejemplos de la tecnología maya.

4. _____ La tecnología de los mayas fue algo similar a la de los incas.

5. _____ Se han descubierto varios puentes colgantes antiguos tanto en México y Guatemala como en la América andina.

Para expresar duda, posibilidad o recomendación, se utiliza el *modo subjuntivo* del verbo.
Por ejemplo: *Es necesario que* **desarrolles** *tus conocimientos sobre las ciencias.*
(desarrollar: *desarrolle, desarrolles, desarrollen, desarrollemos*)

F. Vuelve a escribir cada oración con el modo subjuntivo del verbo entre paréntesis.

1. Es importante que nosotros (recordar) que los mayas no tuvieron ninguna influencia europea.

_____

2. Aunque algunos no (apreciar) sus contribuciones, nosotros sabemos que los mayas se adelantaron a su tiempo.

_____

3. No es posible que ellos no (aceptar) que los mayas eran grandes ingenieros.

_____

4. Tal vez los ingenieros (construir) una estructura para proteger las pirámides.

_____

5. Quizás el arqueólogo (descubrir) otras ruinas de civilizaciones antiguas en Mesoamérica.

_____

G. Escribe una oración con la forma subjuntiva de los siguientes verbos.

1. apreciar: _____

2. permitir: _____

3. calcular: _____

4. diseñar: _____

⬤ Practica lo que aprendiste de ingeniería y matemáticas.

H. Haz el proyecto de forma independiente o con tus compañeros(as).

Materiales:

- Un compás

Instrucciones:

En tu escuela, tu casa o tu comunidad, busca ejemplos de planos inclinados. La tabla que sigue incluye algunos ejemplos, pero puedes añadir los que desees. Usa un compás para medir el ángulo del plano inclinado. Completa la tabla con la información que encuentres.

Tipo de plano inclinado	¿Dónde lo encontraste?	¿Para qué se usa?	Medida del ángulo (en grados)
rampa			
escalera			
cuesta			
resbaladero			

I. Usa la información de la tabla para contestar las preguntas.

1. ¿Qué tienen en común los distintos tipos de plano inclinado?

_____

2. ¿En qué se diferencian los distintos tipos de plano inclinado?

_____

● ¡Investiga!

J. Imagina que eres un ingeniero en la época de los mayas, y tienes que explicarle a los trabajadores cómo construir una pirámide. Busca información en el Internet para responder estas preguntas: ¿Qué pasos deben seguir? ¿Qué materiales deben usar? ¿Cómo pueden usar la ciencia y las matemáticas para construir la pirámide? Escribe por lo menos cuatro párrafos de cuatro a seis oraciones cada uno.

Pirámide maya

La tecnología de los mayas

La tecnología de los mayas, aunque limitada, les permitió practicar la astronomía y construir en sus ciudades un sistema de comunicaciones bastante complejo para su época. Los mayas construyeron estructuras que conectaban casas, plantaciones, carreteras y pirámides.

Como los mayas no conocían el mineral para forjar hierro, tuvieron que improvisar cinceles de obsidiana y de jade. Con ellos, los artesanos mayas diseñaban las fachadas de las pirámides y otros edificios, y cortaban trozos grandes de roca que servían de base fuerte a sus construcciones.

Los mayas usaban cinceles de obsidiana y jade para cortar las piedras.

Los mayas transportaban las piedras para construir sus pirámides directamente desde la cantera hasta el lugar de construcción. Para ello, usaban troncos de árboles largos sobre los que ponían los bloques de piedra y los hacían rodar.

Las plataformas de piedra fueron la base de todas las pirámides mayas. En varios lados había un tramo de empinados escalones. Los expertos estiman que se necesitaron miles de obreros para la construcción de las pirámides. Los trabajadores podían ser sofisticados, como los obreros que cortaban finamente los bloques de piedra o los que trabajaban en el montaje de la mampostería, o como los artesanos y escultores que trabajaban en la ornamentación, pintura y en el cincelado de las inscripciones. Otros obreros hacían trabajos más simples, como los que se dedicaban a preparar grava de piedra caliza y los que transportaban la piedra desde la cantera.

Rocas, minerales y vegetales en la tecnología maya

A pesar de la carencia de tecnologías avanzadas, los mayas trabajaron mucho la piedra, y su técnica de extracción se fue perfeccionando con el tiempo.

En todas sus construcciones grandes, incluidas las pirámides, los mayas utilizaron la piedra caliza. Esta era aplastada, quemada y batida hasta que de ella obtenían propiedades parecidas al cemento.

Las grandes construcciones maya, incluidas las pirámides, lucen hoy en día una especie de color gris debido a la humedad y erosión por el paso del tiempo. Pero cuando fueron construidas tuvieron colores intensos. Los materiales que los mayas utilizaban para los colores de sus pinturas eran minerales y sustancias orgánicas. Los pigmentos blancos se obtenían de la piedra caliza.

Los amarillos se obtenían del extracto de la raíz del árbol llamado *tzeltal kanté*. Los pigmentos negros se obtenían del carbón y del humo. Los rojos se obtenían de la hematita o del insecto llamado *cochinilla*, mientras que los pigmentos azules se obtenían de la flor del índigo, la cual combinada con arcilla de piedra caliza u otras arcillas, daba el color verde en diferentes tonalidades.

Los materiales y la técnica que utilizaron los mayas para la construcción, para el arte y para sus investigaciones se basaban principalmente en los elementos naturales que los rodeaban: las rocas, los minerales y algunas sustancias orgánicas animales y vegetales. Sin embargo, no utilizaron mucho los metales como herramientas de construcción, ni siquiera para hacer armas. Los metales fueron utilizados más para la diferenciación social, tanto en prendas de ropa como en ofrendas a los dioses.

Esto fue muy diferente de la evolución de la tecnología en Europa, donde las civilizaciones pasaron de la era de piedra a la era del bronce, y de ahí a la era del hierro, variando así su economía y su forma de vida. De modo contrario, los mayas variaron muy poco sus técnicas y su modo de vida a través de los siglos durante los que sobresalió su civilización. No tuvieron necesidad de ello. Lo que sí evolucionó fueron sus creaciones artísticas debido a la creciente y variada demanda que pedían los reyes a los artesanos para su uso personal o como objetos religiosos.

Se considera a los mayas expertos en la tecnología lítica de su época. Su tecnología y sistemas basados en la piedra caliza fueron importantes no solo para sobrevivir, sino para sobresalir y florecer en la agricultura, las matemáticas, la astronomía, las artes, la arquitectura y la ingeniería. Con todas estas habilidades, los mayas pudieron crear, modificar y reproducir los hilos de su sociedad.

Los materiales y las técnicas que utilizaron los mayas para la construcción de pirámides y otras estructuras se basaban principalmente en los elementos naturales que los rodeaban.

Demuestra lo que comprendiste.

A. Escoge la respuesta correcta.

1. ¿Por qué hicieron los mayas cinceles de obsidiana y de jade?
    - ❑ a. porque fueron los únicos minerales que encontraron en la región
    - ❑ b. porque ellos no conocían el mineral para forjar herramientas de hierro
    - ❑ c. porque sabían que la obsidiana y el jade eran los minerales más fuertes
    - ❑ d. porque la obsidiana y el jade son excelentes para la ornamentación

2. ¿Para qué usaron los mayas troncos de árboles durante la construcción?
    - ❑ a. para plantar árboles alrededor de sus construcciones
    - ❑ b. para poner columnas de apoyo en sus construcciones
    - ❑ c. para transportar las piedras necesarias para sus construcciones
    - ❑ d. para hacer techos y plataformas en sus construcciones

3. ¿Qué tipos de trabajo hacían los obreros? Escoge todas las respuestas que apliquen.
    - ❑ a. cortar los bloques de piedra
    - ❑ b. cincelar las inscripciones
    - ❑ c. pintar las fachadas
    - ❑ d. forjar los metales

4. ¿Qué hacían los mayas con la piedra caliza en sus construcciones?
    - ❑ a. La cortaban con un hacha y la pulían.
    - ❑ b. La amoldaban como arcilla y la ponían en moldes de madera.
    - ❑ c. La fundían hasta que se convertía en lava y después la convertían en bloques.
    - ❑ d. La aplastaban, la quemaban y la batían hasta formar una mezcla como cemento.

5. ¿Qué diferencia hay entre el aspecto que tenían las pirámides mayas en la antigüedad y el que tienen hoy?
    - ❑ a. Las de hoy tienen colores negros y grises, las del pasado solo tenían color gris.
    - ❑ b. Las de hoy tienen escaleras y plataformas, las del pasado solo tenían escaleras.
    - ❑ c. Las del pasado tenían colores intensos, las de hoy tienen color gris.
    - ❑ d. Las del pasado tenían madera y piedra, las de hoy tienen metal y piedra.

Demuestra lo que sabes del vocabulario y la gramática.

B. Busca en la lectura las palabras resaltadas que mejor concuerden con cada una de estas definiciones y escríbelas al lado del significado correcto.

1. _____ : construcción que se hace al unir bloques o piedras
2. _____ : el acto de sacar o eliminar algo
3. _____ : decoración
4. _____ : trabajadores con habilidades para hacer tareas a mano
5. _____ : herramientas con una cuchilla larga utilizadas para cortar o dar forma a la madera, la roca, los metales u otros materiales duros
6. _____ : un lugar, generalmente un hoyo grande y profundo, del cual se extraen piedras u otros materiales

7. _____ : hacer o formar un objeto de metal al calentarlo en el fuego o en un horno y luego golpearlo o martillarlo

8. _____ : que suben o bajan bruscamente, de forma casi perpendicular

9. _____ : relacionada con la piedra

10. _____ : superficies elevadas

Los *parónimos* son palabras que se parecen tanto en su pronunciación como en su ortografía, pero que tienen distinto significado. Es importante distinguirlas para no confundirse.
Ejemplo: *maya-malla*

C. Escoge la palabra correcta entre paréntesis para completar las oraciones.

1. Los mayas se (adaptaron, adoptaron) muy bien al ambiente en el que vivieron.

2. Las artes tenían un gran (afecto, efecto) en los diseños de las construcciones maya.

3. Cuando llegaron los españoles, estos no mostraron mucha (deferencia, diferencia) hacia los mayas.

4. En las comunidades maya, siempre había mucho trabajo en la (cartera, cantera).

El *modo indicativo* se puede usar para expresar certeza, para comunicar algo o para expresar una opinión de forma afirmativa.
Ejemplos: *Estoy segura de que el arte maya **merece** más reconocimiento.* (Expresa certeza.)
*Nos informan que los ingenieros todavía **utilizan** las técnicas mayas.* (Comunica algo.)
*Creo que los artesanos **trabajan** demasiado.* (Expresa una opinión.)

D. Identifica las oraciones que tengan verbos en el modo indicativo.

❑ 1. En todas sus construcciones grandes, los mayas utilizaron la piedra caliza.

❑ 2. Con todas estas habilidades, los mayas pudieron crear los hilos de su sociedad.

❑ 3. Me cuentan que las pirámides lucen espectacularmente bellas.

❑ 4. Yo no creo que la arquitectura inca haya sido mejor que la maya.

❑ 5. Pienso que la técnica de los mayas supera a la técnica de los aztecas.

❑ 6. Noto que los mayas quieren mantener viva su cultura.

E. Escribe una oración con cada verbo. Usa el presente del modo indicativo.

1. trabajar _____

2. extraer _____

3. construir _____

4. utilizar _____

F. Indica si el verbo subrayado está en el modo *subjuntivo* o *indicativo*.

1. _____ Me comentan que la importancia de la cultura maya <u>aumenta</u> cada día más.

2. _____ Se recomienda que los alumnos <u>estudien</u> mucho para sus exámenes.

3. _____ No es seguro que los científicos <u>adopten</u> las recomendaciones del gobierno.

4. _____ Los ingenieros <u>entienden</u> muy bien las matemáticas.

5. _____ El profesor siempre escoge a un ayudante para que <u>reparta</u> los exámenes.

6. _____ Tengo la certeza de que los arquitectos maya <u>conocen</u> los diseños a fondo.

Algunos verbos sufren cambios ortográficos en la raíz cuando se conjugan. Por ejemplo, el verbo *pensar* se convierte en *piense* en la primera y tercera persona del singular del modo subjuntivo, y el verbo *dormir* se convierte en *duerme* en la tercera persona del singular del modo indicativo.

G. Subraya el verbo correcto.

1. Los trabajadores cortan rocas para que (sirven/sirvan) de apoyo en sus edificios.

2. Las plataformas de piedra aún (sean/son) la base de algunas construcciones.

3. Hasta el día de hoy, nadie (entiende/entende) completamente cómo se construyeron las pirámides.

4. En las canteras, las rocas se (converten/convierten) en piedras y luego en polvo.

5. Es importante que (recorden/recuerden) el valor de las civilizaciones antiguas.

H. Escribe una oración con cada uno de los verbos. Utiliza el cambio ortográfico correcto.

1. sentir _____

2. pedir _____

3. jugar _____

4. querer _____

● **Practica lo que aprendiste de ciencia y tecnología.**

I. Haz el proyecto de forma independiente o con tus compañeros(as).

Materiales:
- Una computadora con un programa para dibujar, objetos simples y materiales naturales

Instrucciones:

Las máquinas simples y las herramientas facilitan el trabajo y permiten sacar mejor provecho de la energía utilizada para hacer una labor. Busca materiales que usarías para crear una máquina simple o una herramienta de construcción (para cortar madera, esculpir piedras, mover materiales, moldear piedras, etc.) y completa la tabla con la información.

Objeto o material	Descripción	¿Para qué lo usaría?	Observaciones

Después, escoge alguno(s) de los materiales y crea tu propia máquina simple o herramienta. Usa la computadora, o lápiz y papel, para hacer un dibujo de tu invento.

J. Contesta las siguientes preguntas.

1. ¿Cuáles son las características de la herramienta o de la máquina simple que inventaste?

_____

2. ¿Cómo se usa tu invento?

_____

● ¡Investiga!

K. Piensa en las herramientas y los materiales que usan los ingenieros de hoy para construir edificios y otras estructuras. ¿Cómo se comparan con las herramientas y los materiales usados por los mayas durante su época? ¿Cómo crees que hubiera sido la vida y la cultura de los mayas si hubieran usado metales en su construcción? Escribe por lo menos cuatro párrafos de cuatro a seis oraciones y presenta tu trabajo.

Los ingenieros usan diferentes materiales para construir edificios y otras estructuras.

Tecnologías que ayudan a salvar la selva amazónica

La deforestación es un problema preocupante en muchas partes del mundo, especialmente en zonas vulnerables, como la selva amazónica. La selva del Amazonas es una zona forestal extensa que abarca varios países del territorio suramericano. Debido a su gran extensión, muchas personas piensan que talar los árboles de esta selva no tiene un gran impacto ambiental. Sin embargo, esta manera de pensar ha resultado en una deforestación masiva, la cual ha afectado a los suelos y ecosistemas de la región y ha contribuido a acelerar el calentamiento global. En respuesta a este problema, un grupo de ingenieros y residentes de la región están usando nuevas tecnologías para ayudar a proteger la selva y mejorar la calidad de vida en todo el planeta.

La selva del Amazonas es una zona forestal extensa.

La tribu Tembé

Varias zonas amazónicas están pobladas por diversas comunidades indígenas; entre ellas, la tribu Tembé, que vive en el norte de Brasil. Esta tribu ha visto cómo más del 30 por ciento de su territorio ha sido deforestado durante las últimas décadas. Lamentablemente, tratar de prevenir la tala ilegal es una tarea peligrosa y casi imposible para los Tembé, ya que el territorio es tan extenso que los taladores son difíciles de encontrar y detener, y estos pueden ser violentos.

Es importante que diferentes grupos de la población trabajen juntos para proteger el Amazonas.

Los sistemas de monitoreo acústico

En 2014, la tribu Tembé estableció una alianza con la organización *Rainforest Connection* para tratar de combatir el problema de la deforestación, mediante el uso de un sistema tecnológico que ayuda a rastrear los lugares donde se lleva a cabo la tala ilegal.

Los miembros de la tribu Tembé identifican muy bien los sonidos de las motosierras y los camiones que comúnmente son utilizados en la tala de árboles. Esto motivó a los ingenieros y otros expertos de la organización a buscar una solución tecnológica que permitiera escuchar e identificar estos sonidos desde diferentes partes de su territorio. De esta manera, pueden ayudar a las autoridades a identificar y atrapar a los madereros ilegales que están devastando la selva.

El sistema de monitoreo acústico trabaja conectando teléfonos celulares viejos a una fuente de energía solar y a un micrófono externo que puede grabar sonidos hasta a un kilómetro de distancia. A estos dispositivos los llaman "guardianes". Los mismos miembros de la tribu Tembé colocan los "guardianes" en lo alto de los árboles para que se carguen con la energía del sol. Los sonidos que graban los "guardianes" son analizados por un *software* que utiliza el aprendizaje automático para identificar los sonidos producidos por las motosierras y los camiones. Este programa permite que las computadoras "aprendan" progresivamente a base de estadísticas o datos recopilados y así mejoren en su tarea asignada, que en este caso sería reconocer los sonidos de las máquinas de los taladores. Luego las máquinas envían una alerta en tiempo real a los guardabosques para que intervengan o informen a las autoridades sobre una posible tala de árboles. Esta tecnología permite identificar con mayor precisión dónde está ocurriendo la actividad ilegal para así poder detenerla de modo mucho más efectivo que cuando se intenta patrullar todo el bosque.

Los códigos de respuesta rápida

La tribu Tembé no es la única que hace uso de la tecnología para luchar contra la deforestación. Recientemente, el gobierno boliviano, junto con el Fondo Mundial para la Naturaleza, creó unas etiquetas de plástico con unos códigos de respuesta rápida (QR) impresos con láser. Estas etiquetas, diseñadas por ingenieros informáticos, solo cuestan 50 centavos y se adhieren a los árboles en pie sin dañarlos. Los códigos de las etiquetas son escaneados por una aplicación para teléfonos inteligentes que lee los datos almacenados sobre el tipo de árbol del que proviene la madera y su origen. De este modo, el gobierno puede verificar que las maderas extraídas están cumpliendo con la normativa implementada y, a su vez, los compradores se aseguran de que la madera proviene de una fuente legal y sostenible.

Los drones

Otra herramienta que se utiliza para proteger las zonas forestales son los drones. El dron es un aparato volador no tripulado que puede llegar a lugares donde los aviones comunes y la mayoría de las personas no tienen acceso. Este artefacto ayuda a garantizar el cumplimiento de la ley en esas zonas. Es bien sabido que la deforestación ilegal ha estado, en parte, incentivada por la falta de vigilancia en muchas áreas boscosas. El uso de los drones puede mejorar esta situación, ya que estos pueden grabar secuencias de video, mientras vuelan por zonas muy extensas. Esto permite a las autoridades tomar medidas para detener la actividad ilegal.

Los drones ayudan a monitorear los bosques y velar por el cumplimiento de las leyes.

Indudablemente, la tecnología y los conocimientos de ingeniería son actualmente piezas claves para detener la deforestación del Amazonas.

● Demuestra lo que comprendiste.

A. Escoge la mejor respuesta.

1. ¿Cuál de los siguientes es uno de los efectos negativos de la deforestación que se menciona en la lectura?

   ❏ a. Una vez que se cortan los árboles, no vuelven a crecer.

   ❏ b. La deforestación libera gases que hacen que se caliente más el planeta.

   ❏ c. La selva amazónica es muy pequeña para soportar la tala de árboles.

   ❏ d. La tala masiva de árboles podría dejar a las personas sin suficiente oxígeno para respirar.

2. ¿Qué tipo de tecnología es reutilizada por la tribu Tembé para atrapar a los taladores de árboles?

   ❏ a. camiones

   ❏ b. sistemas de estéreo

   ❏ c. computadoras portátiles

   ❏ d. teléfonos celulares

3. ¿Qué hacen los "guardianes"?

   ❏ a. Graban los sonidos de la selva y envían una alerta a los guardabosques cuando identifican ciertos sonidos.

   ❏ b. Activan una alarma que los miembros de la tribu pueden escuchar desde sus hogares.

   ❏ c. Llaman a la policía cuando perciben taladores furtivos.

   ❏ d. Fijan un perímetro protector alrededor de los árboles.

4. ¿Cuál de los siguientes **no** se menciona en el texto como uno de los beneficios de los drones?

   ❏ a. Los drones son más modernos que los aviones.

   ❏ b. Los drones sobrevuelan áreas extensas.

   ❏ c. Los drones registran imágenes de actividades ilegales.

   ❏ d. Los drones pueden volar en lugares donde los aviones no pueden.

5. ¿Para qué usan en Bolivia las etiquetas QR en los árboles?

   ❏ a. para identificar a los dueños de los terrenos

   ❏ b. para energizar los teléfonos celulares

   ❏ c. para rastrear el origen y el tipo de madera talada

   ❏ d. para promover que las personas hagan donaciones a organizaciones que protegen el ambiente

● Demuestra lo que sabes del vocabulario y la gramática.

B. Busca en la lectura las palabras resaltadas que mejor concuerden con cada una de estas definiciones y escríbelas al lado del significado correcto.

1. _____ : que usan conocimientos técnicos para manejar la información de forma automática a través de computadoras

2. _____ : destrucción de los árboles y las plantas de un terreno

3. _____ : inteligencia artificial que utiliza estadísticas para dar a las computadoras la capacidad de aprender por cuenta propia (autoprogramarse)

4. _____ : que tienen muchos árboles y bosques

5. _____ : causada o motivada por una acción

6. _____ : el lugar donde comienza algo

7. _____ : la obediencia de un mandato

8. _____ : efecto fuerte en algo

9. _____ : examinados detalladamente para poder interpretar la información

10. _____ : terreno con vegetación densa y muchas especies de plantas
y animales, típicos de un clima cálido y lluvioso

Las *oraciones condicionales reales* que usan la palabra *si* expresan posibles situaciones o acciones que solo ocurrirán si se cumplen ciertas condiciones. Si la cláusula subordinada es la primera, se debe usar una coma al final. Ejemplo: **Si** *continuamos utilizando la tecnología,* *podremos detener la deforestación.*

C. Identifica cuáles de las siguientes oraciones requieren una coma. Añade la coma donde sea necesario.

❏ 1. Si enseñamos a los alumnos acerca de la ingeniería es posible que se inspiren para estudiar y crear nuevas soluciones a los problemas ambientales.

❏ 2. Podemos encontrar otras formas de usar la tecnología si somos creativos.

❏ 3. Si la organización *World Wildlife Federation* trabaja en conjunto con otras instituciones podremos lograr grandes cosas.

❏ 4. Si más personas donaran dinero para desarrollar tecnología orientada a ayudar el medioambiente podríamos progresar más rápido.

D. Escribe dos oraciones condicionales usando la palabra *si.* Asegúrate de que una de ellas tenga la cláusula subordinada primero.

1. _____ .

2. _____ .

Al reproducir por escrito los diálogos, se emplea una *raya* (–) antes de las intervenciones de los hablantes y para introducir o enmarcar los comentarios del narrador.

E. Escribe las oraciones de diálogo, añadiendo una raya en los lugares que sea necesario.

1. Me encantaría viajar a la selva amazónica dijo John.

_____

2. ¿Qué vas a estudiar? preguntó el profesor. ¿Ingeniería civil o informática?

_____

3. Wendy quiere estudiar ingeniería para proteger el medioambiente comentó Steven.

_____

4. ¡Escucho motosierras! gritó Estela. ¡Llamen a las autoridades!

_____

5. Me pregunto si podría donar mi viejo dron para patrullar la selva dijo Reggie.

_____

Los *homófonos* son palabras que suenan igual y se escriben de modo muy parecido, pero tienen distinto significado. En español hay muchas palabras homófonas con las letras *b* y *v*.

F. Lee las siguientes oraciones y escoge la ortografía correcta.

1. La Amazonia es una región _____.

    ❏ a. basta   ❏ b. vasta

2. Los bosques con muchas áreas verdes son _____.

    ❏ a. bellos   ❏ b. vellos

3. Los sonidos del bosque se _____ y se examinan minuciosamente.

    ❏ a. gravan   ❏ b. graban

4. Las personas que viven en una tribu valoran los _____ de consumo de manera diferente a las personas que viven en lugares industrializados.

    ❏ a. bienes   ❏ b. vienes

G. Elige un par de homófonos del ejercicio anterior y escribe una oración para cada palabra. Asegúrate de que las oraciones reflejen el significado correcto de cada palabra.

1. _____.

2. _____.

● Practica lo que aprendiste sobre ingeniería y tecnología.

H. Analiza los datos y conversa con un(a) compañero(a) sobré qué tipo de información ofrece la tabla.

La deforestación en el Amazonas

Año	Pérdida del bosque (km^2)	Remanente del bosque (km^2)
1989	17,770	3,705,750
1990	13,730	3,692,020
1991	11,030	3,680,990
1992	13,786	3,667,204
1993	14,896	3,652,308
1994	14,896	3,637,412
1995	29,059	3,608,353
1999	17,259	3,542,323
2009	7,464	3,365,788

Fuente: https://rainforests.mongabay.com/amazon/deforestation_calculations.html

I. Usa la información de la tabla anterior para responder estas preguntas.

1. ¿En qué año se perdieron más kilómetros cuadrados de bosque? ¿Cuántos se perdieron?

    _____

2. ¿En qué año se perdieron menos kilómetros cuadrados de bosque? ¿Cuántos se perdieron?

    _____

3. ¿Cuántos kilómetros cuadrados de bosque se perdieron entre 1999 y 2009?

    _____

¡Investiga!

J.   Investiga sobre otras tecnologías que se pueden utilizar para proteger los recursos naturales de prácticas dañinas como la tala ilegal y la contaminación. Responde: ¿Qué tecnologías se pueden utilizar para evitar dañar los recursos naturales? ¿Cómo funcionan esas tecnologías? ¿Qué beneficios tienen? Escribe por lo menos tres párrafos de entre seis y siete oraciones y cita al menos dos fuentes diferentes.

_____

_____

_____

_____

_____

_____

_____

_____

_____

_____

_____

_____

_____

_____

_____

_____

_____

_____

_____

_____

_____

_____

_____

_____

_____

El ingenio de los incas

En la cordillera de los Andes, en América del Sur, se desarrolló una de las civilizaciones antiguas más avanzadas del mundo: el Imperio inca. Este imperio se extendía desde la parte noroeste del continente hasta la costa. Además de ser grandiosos constructores e ingenieros, los ingeniosos incas también lograron grandes avances científicos y matemáticos.

La contabilidad

Aunque no contaban con un lenguaje escrito, los incas tenían un método para calcular y registrar datos. Este era conocido como *quipu*. El *quipu* o registro de nudos consistía en un instrumento confeccionado con hilos tejidos y teñidos de diferentes colores anudados sobre una cuerda central. Se cree que la longitud, el color y la forma en que cada cuerda estaba anudada indicaban un aspecto de la contabilidad o clasificación de los objetos. Los incas usaban un sistema de base decimal para sus cálculos y registros como el que usamos en la actualidad. Las investigaciones demuestran que el cordón en el extremo del *quipu* se usaba a menudo como una clave para hacer más fácil su "lectura". Los estudiosos de esta civilización y del *quipu* suponen que esta herramienta se usaba para diferentes fines, tales como registrar los resultados del censo, calcular los impuestos debidos y pagados al reinado, y anotar el número de ejércitos y soldados, entre otros.

Para complementar su sistema de conteo y, más concretamente, para efectuar sus operaciones aritméticas, además del *quipu*, los incas también usaban *yupanas*. La *yupana* era una especie de tabla de conteo o de ábaco en la que se movían arreglos de granos, como semillas o guijarros, entre los compartimentos del tablero.

La astronomía

Los incas también estaban muy interesados en el estudio de la astronomía. Trazaban el movimiento de las estrellas y los planetas desde sus observatorios, en la cima de sus templos, como el que alberga Machu Picchu. Recientemente, investigadores de algunas universidades en Polonia usaron un *software* para reconstruir la posición de las estrellas, como los incas las habrían visto hace cientos de años, y comparar esas posiciones con la forma en que ellos construyeron sus observatorios. Los investigadores confirmaron que los incas utilizaron algunas de las

Ruina de una construcción inca en Machu Picchu

edificaciones en Machu Picchu para rastrear los solsticios de verano e invierno, así como los ciclos lunares. La observación de los cambios de estación y la duración de los días les permitió crear calendarios. En el Imperio inca existieron dos calendarios, el lunar y el solar. La existencia de dos calendarios muestra que los incas reconocieron una diferencia en el movimiento del sol y la luna y que, por lo tanto, un año lunar no tendría el mismo número de días que un año solar.

La preservación de alimentos

La civilización inca, además, produjo un avance científico bastante sorprendente: la liofilización. Este es un método de secado de alimentos mediante la congelación. Aunque, en la actualidad, asociamos este tipo de alimentos con los astronautas o los mochileros, los incas ya empleaban la liofilización de manera simple hace cientos de años.

Las montañas de los Andes alcanzan una altitud de 22,838 pies, por lo que las temperaturas a menudo bajan a cero grados centígrados durante la noche. Los incas llevaban las papas hasta estas altas elevaciones y las dejaban congelar bajo trozos de tela. Por la mañana, caminaban sobre las papas cubiertas de tela para exprimir la humedad y repetir este proceso hasta eliminar el agua por completo. El producto resultante era ideal para llevar en los viajes o campañas militares ya que era liviano y podía durar años. Aunque hoy en día congelamos los alimentos secos de una manera diferente, el resultado es el mismo.

El ingenio de los incas, sin duda, les ayudó a aprovechar sus conocimientos de la ciencia y las matemáticas para hacer sus vidas un poco más fáciles.

En Machu Picchu aún existen rastros de las tecnologías de los incas.

● Demuestra lo que comprendiste.

A. Escoge la mejor respuesta.

    1. ¿Qué avance científico lograron los incas?

        ❑ a. la contabilidad de impuestos

        ❑ b. la liofilización

        ❑ c. los tableros con guijarros

        ❑ d. la congelación

    2. ¿Cuál de los siguientes **no** se menciona como uno de los usos del *quipu*?

        ❑ a. para registrar el número de soldados

        ❑ b. para registrar los impuestos adeudados

        ❑ c. para registrar los cálculos de trigonometría

        ❑ d. para registrar los resultados del censo

    3. ¿A qué otro tipo de dispositivo de conteo se parece la *yupana*?

        ❑ a. al ábaco

        ❑ b. al *quipu*

        ❑ c. a la calculadora

        ❑ d. a una tabla de conteo

    4. Según la lectura, ¿cuál era una de las prácticas que hacían los incas en Machu Picchu?

        ❑ a. observaciones astronómicas

        ❑ b. liofilización

        ❑ c. sacrificios humanos

        ❑ d. tableros para el censo

    5. ¿Cuál es el día más largo del año?

        ❑ a. el solsticio de invierno

        ❑ b. el solsticio de verano

        ❑ c. el calendario lunar

        ❑ d. el calendario solar

● Demuestra lo que sabes del vocabulario y la gramática.

B. Busca en la lectura las palabras resaltadas que mejor concuerden con cada una de estas definiciones y escríbelas al lado del significado correcto.

    1. _____: elemento importante que permite entender o interpretar algo

    2. _____: lugares para observar los objetos celestes

    3. _____: sistema numérico que utiliza como base el número 10 y que permite formar todos los números que existen

    4. _____: método antiguo de cálculo que usa un tipo de tablero con cuentas para representar números

    5. _____: seguir una huella o señal

    6. _____: relacionado o determinado por la Luna

7. _____: ciencia que estudia los objetos celestes, el espacio y el universo

8. _____: las dos veces al año cuando el sol alcanza su punto más alto o más bajo en el cielo, marcado por el día más largo y el más corto

9. _____: hechos y estadísticas recopilados para referencia o análisis

10. _____: el punto en que el agua, o el agua de un objeto, se convierte en sólido debido al frío

El *modo subjuntivo* presenta la acción como una posibilidad, y expresa duda, temor, esperanza o deseo. El pretérito imperfecto del subjuntivo se caracteriza por terminar en *-ara/-era* o *-ase/-ese*. Ejemplo: *Ella deseaba que **lloviera** al día siguiente.*

C. Subraya el verbo en pretérito imperfecto del subjuntivo.

1. Los incas esperaban que su civilización (sobreviva, sobreviviera) para siempre.

2. Deseaba que su experimento (funcionara, funcionará).

3. Michelle comentó que quisiera que su hijo (estudiara, estudiaba) español antes de ir a Perú.

4. Me encantaría que (visitaras, visitaste) Perú el próximo año.

5. Su profesor le recomendó que (viajara, viajaría) a Machu Picchu.

D. Escribe tres oraciones sobre los incas usando el pretérito imperfecto del subjuntivo.

1. _____.
2. _____.
3. _____.

Las *oraciones condicionales potenciales* que usan la palabra *si* son diferentes de las oraciones condicionales reales porque expresan soluciones hipotéticas o posibles. Estas oraciones, a menudo, están estructuradas con las palabras: *si* y *entonces*. Ejemplo: ***Si** la gente solo usara un calendario lunar, **entonces** no tendríamos un calendario de 365 días.*

E. Indica con una *P* si la oración es condicional potencial y con una *R* si es condicional real.

1. _____ Si los incendios continuan, la calidad del aire empeorará.

2. _____ Si trabajo duro en la tarea, tendré mejores notas.

3. _____ Si estudio sobre América Latina, entenderé mejor la cultura.

4. _____ Si enviáramos a una persona a Marte, entonces aprenderíamos más sobre ese planeta.

5. _____ Si protegiéramos más la selva, entonces tendríamos un planeta saludable.

F. Escribe tres oraciones sobre el tema de la lectura. Una de ellas debe ser una oración condicional potencial y la otra, una oración condicional real.

1. _____.
2. _____.
3. _____.

En la jerga técnica, muchos de los *prefijos* de las palabras provienen de palabras griegas y latinas. Ejemplo: *bio-*, proviene del griego y significa vida.

G. Subraya el prefijo de las siguientes palabras. Luego escribe su significado. Puedes consultar un diccionario.

1. geotermia: _____

2. hemoglobina: _____

3. antibiótico _____

4. milímetro: _____

5. astrología: _____

H. Elige tres de las palabras del ejercicio anterior y escribe una oración con cada una de ellas.

1. _____.

2. _____.

3. _____.

Practica lo que aprendiste sobre ciencia y matemáticas.

I. ¡Haz tu propio *quipu*! Realiza este proyecto con un(a) compañero(a) de clase.

Materiales:
- Varios hilos de colores diferentes y tijeras

Instrucciones:
- Elige tres pedazos de hilo de colores y forma una soga o cordón con cada uno de ellos.
- Amarra los tres cordones a una cuerda principal. Crea diferentes tipos de nudo para representar cada uno de los números en un sistema de base diez.
- Escoge un número de tres dígitos (con centenas, decenas y unidades).
- Haz nudos en tu *quipu* para representar el número que escogiste.

J. Responde las siguientes preguntas acerca de tu *quipu*.

1. ¿Qué tipo de nudo usaste para representar los diferentes lugares de los números?

_____

_____

2. ¿Qué número pusiste en tu *quipu*?

_____

3. Comparte tu *quipu* con tus compañeros. ¿Pueden ellos averiguar qué número muestra? Describe tu experiencia.

_____

_____

● ¡Investiga!

Calendario inca

K. Usa el Internet para investigar los calendarios lunares y solares, y las diferencias entre ellos. Responde: ¿Qué semejanzas tienen los calendarios lunares y los solares? ¿Qué diferencias tienen? ¿Cuáles son las ventajas y las desventajas de cada tipo de calendario? Escribe por lo menos tres párrafos de entre seis y siete oraciones cada uno. Después, presenta tu trabajo a tus compañeros.

_____
_____
_____
_____
_____
_____
_____
_____
_____
_____
_____
_____
_____
_____
_____
_____
_____
_____
_____
_____
_____
_____
_____
_____
_____
_____
_____
_____
_____

ábaco *s. m.* método antiguo de cálculo que usa un tipo de tablero con cuentas para representar números

abastecerse *v.* satisfacer sus necesidades de consumo

acequia *s. f.* zanja o canal por donde circula el agua que se usa para regar y para otros fines

acidez *s. f.* concentraciones de ácido que matan el coral

acueductos *s. m.* canales artificiales para conducir agua desde una distancia; conductos de agua formados por canales o por arcos levantados

agricultura *s. f.* ciencia del cultivo de la tierra para la producción de alimentos

alcantarillas *s. f.* túneles de desagüe que están debajo del ferrocarril

alunizara *v.* se posara en la Luna

ampliación *s. f.* aumento del tamaño o la duración de algo

analizados(as) *adj., m. y f.* examinados detalladamente para poder interpretar la información

aprendizaje automático *s. m.* inteligencia artificial que utiliza estadísticas para dar a las computadoras la capacidad de aprender por cuenta propia (autoprogramarse)

archipiélago *s. m.* grupo de islas

arma nuclear *s. m.* instrumento de guerra que utiliza energía atómica

arrecifes de coral *s. m.* ecosistemas marinos de sustancias duras y rocosas formadas por pólipos

artesanos(as) *s., m. y f.* trabajadores con habilidades para hacer tareas a mano

astronomía *s. f.* ciencia que estudia los objetos celestes, el espacio y el universo

atirantado *v.* que está sujeto con tirantes

atmósfera *s. f.* gases que rodean a un planeta

atómico(a) *adj., m. y f.* que estudia el comportamiento de los átomos

átomos *s. m.* partículas formadas por un núcleo, rodeado de electrones

atrapamiento *v.* acción de atrapar o capturar algo

autodidactas *adj.* educados por ellos mismos

autopista *s. f.* carretera de circulación rápida, con varios carriles y sin cruces

biplano *s. m.* avión sin motor con dos superficies que lo apoyan, una encima de otra

blanqueamiento *s. m.* decoloración provocada por temperaturas anormalmente altas del agua

boscosas *adj., f.* que tienen muchos árboles y bosques

boyas *s. f.* objetos flotantes atados al fondo del mar, que sirven como señal o para recopilar información

bucear *v.* nadar bajo la superficie del agua

cabezas tractoras *s. f.* máquinas que arrastran los vagones del tren

calderas *s. f.* recipientes en los que se hierve agua

caliza *s. f.* roca sedimentaria de carbonato de calcio que se usa para la construcción

cáñamo *s. m.* fibra fuerte de una planta que se utiliza para hacer cuerdas

cañerías *s. f.* conductos formados por caños o tubos por donde sale un chorro de un líquido

cantera *s. f.* un lugar, generalmente un hoyo grande y profundo, del cual se extraen piedras u otros materiales

capa de ozono *s. f.* franja de gas en la atmósfera que absorbe la radiación solar y protege la Tierra

cápsula *s. f.* nave espacial tripulada pequeña, generalmente en forma de cono

cartografiar *v.* trazar la carta geográfica o hacer un mapa de un territorio

cifra *s. f.* cantidad o número

cinceles *s. m.* herramientas con una cuchilla larga utilizadas para cortar o dar forma a la madera, la roca, los metales u otros materiales duros

clave *s. f.* elemento importante que permite entender o interpretar algo

colisionan *v.* que chocan con violencia

combustibles fósiles *s. m.* recursos no renovables, formados en la tierra, que se usan para generar energía

condensa *v.* cambia de gas a líquido

congelación *s. f.* el punto en que el agua, o el agua de un objeto, se convierte en sólido debido al frío

convergentes *adj., m. y f.* que se encuentran en un mismo lugar

crías *s. f.* animales muy jóvenes que aún no se valen por sí mismos

cumplimiento *s. m.* la obediencia a un mandato

datos *s. m.* hechos y estadísticas recopilados para referencia o análisis

decantado *v.* proceso de dejar caer el agua de un contenedor a otro para separar el líquido de los residuos y obtener agua limpia

declive *s. m.* reducción, decadencia

deforestación *s. f.* destrucción de los árboles y las plantas de un terreno; pérdida masiva de árboles en un misma región

descompone *v.* pudre

desplazarse *v.* trasladarse, moverse

diques *s. m.* muros para contener las aguas

ecosistemas *s. m.* comunidades biológicas de organismos que interactúan entre sí

empinados(as) *adj., m. y f.* que suben o bajan bruscamente, de forma casi perpendicular

en cautividad *s. f.* situación del animal que se encuentra encerrado en algún lugar

endémico(a) *adj., m. y f.* que solo se encuentra en una región

energía sostenible *s. f.* energía que se basa en recursos que se renuevan, como el agua y el sol

enfriamiento *v.* acción y efecto de bajar la temperatura

esclusas *s. f.* compartimentos de entrada y salida

especie *s. f.* población de plantas o animales que tienen características en común

estiércol *s. m.* fertilizante de origen animal que proporciona nutrientes a la tierra

excavaciones *s. f.* hoyos o cavidades que se hacen en un terreno al remover material del suelo

extracción *v.* el acto de remover, sacar o eliminar algo

extraerlo *v.* sacar o remover algo

fauna *s. f.* vida animal

ferrocarriles *s. m.* trenes; vías del tren; vías de acero por las que circulan los trenes

física *s. f.* ciencia que estudia las propiedades de la materia y la energía, y las relaciones entre ambas

flora *s. f.* vida vegetal

forjar *v.* hacer o formar un objeto de metal al calentarlo en el fuego o en un horno y luego golpearlo o martillarlo

fotones *s. m.* pequeñas partículas de luz

frenado *s. m.* sistema para detener o parar el movimiento de una máquina

generador *s. m.* maquinaria que produce electricidad

glaciares *s. m.* grandes cuerpos de hielo

gravedad *s. f.* fuerza que ejerce la Tierra hacia su centro sobre todos los cuerpos

hidroeléctrico(a) *adj., m. y f.* electricidad producida por corrientes o saltos de agua; energía producida por el movimiento del agua

huracanes *s. m.* tormentas que se forman cerca del ecuador

impacto *s. m.* efecto fuerte en algo

incentivado(a) *adj., m. y f.* causado o motivado por una acción

informáticos(as) *adj., m. y f.* que usan conocimientos técnicos para manejar la información de forma automática a través de computadoras

infraestructura *s. f.* conjunto de estructuras de ingeniería e instalaciones, generalmente de larga vida útil

ingeniería *s. f.* la ciencia y la tecnología relacionadas con el diseño, la construcción y el uso de motores, máquinas y estructuras

ingeniería acuífera *s. f.* conocimiento y utilización de técnicas para sacar aguas subterráneas de un terreno

ingenieros(as) biólogos(as) *s., m. y f.* ingenieros que usan enzimas y organismos vivos para crear soluciones nuevas

ingenieros(as) civiles *s., m. y f.* ingenieros que usan el conocimiento de las matemáticas y la física para aplicar soluciones

ingenieros(as) climáticos(as) *s., m. y f.* ingenieros que buscan impactar el clima o el ambiente para modificarlo y reducir el calentamiento global

ingenieros(as) genéticos(as) *s., m. y f.* ingenieros que manipulan o transfieren los genes de un organismo

innovación *s. f.* algo nunca antes hecho

irrigar *v.* suministrar agua a la tierra a través de canales

kilómetros *s. m.* medida de longitud

láser *s. m.* dispositivo electrónico que crea un rayo de luz concentrada

latitud *s. f.* ubicación Norte o Sur por encima o por debajo del ecuador

lítico(a) *adj., m. y f.* relacionado con la piedra

litros *s. m.* unidad de medida para líquidos

lodo *s. m.* material que se asienta en el fondo de un río

lunar *adj.* relacionado o determinado por la Luna

madriguera *s. f.* cueva o lugar pequeño en el que viven algunos animales

mampostería *s. f.* construcción que se hace al unir bloques o piedras

máquina de vapor *s. f.* un tipo de motor que utiliza la condensación del vapor para generar energía

Mesoamérica *s.* área desde el centro de México hasta Nicaragua donde vivían los mayas

metros *s. m.* unidad de medida de longitud

mitigación *s. f.* aplacar o disminuir

monocultivo *s. m.* el cultivo de una sola especie en un área determinada

no renovables *adj.* recursos en cantidades limitadas

nocturnos(as) *adj., m. y f.* animales que desarrollan su actividad durante la noche

nuclear *adj.* que estudia las propiedades del núcleo de los átomos

obras *s. f.* construcciones sin terminar

observatorios *s. m.* lugares para observar los objetos celestes

órbita *s. f.* recorrido circular

origen *s. m.* el lugar donde comienza algo

ornamentación *s. f.* decoración

pantanos *s. m.* terrenos poco profundos donde se estanca el agua de forma natural

pareja *s. f.* dos animales o individuos

pendiente *s. f.* cuesta o declive; medida de la inclinación de una recta

permacultura *s. f.* agricultura sostenible y autosuficiente

pesticidas *s. m.* sustancias que se usan para eliminar organismos nocivos para los cultivos

pinnípedos *s. m.* mamíferos marinos que comen carne

planos inclinados *s. m.* superficies planas y en ángulo, que permiten subir objetos con menos esfuerzo

plantación *s. f.* campo de cultivo para la producción comercial de alimentos

plataformas *s. f.* superficies elevadas en las que las personas o cosas acceden a un lugar

porcentaje *s. m.* cantidad que toma como referencia el número 100

presas *s. f.* represas; lugares donde se almacena el agua

presión hidráulica *s. f.* presión que se genera al usar agua para crear una fuerza mayor

promedio *s. m.* término medio que se obtiene al sumar varias cantidades y luego dividir la suma total entre el número de cantidades

proporción áurea *s. f.* una relación entre dos secciones de una línea

propulsión *s. f.* impulso hacia delante

radares *s. m.* sistemas que usan ondas de alta frecuencia para ubicar un objeto y determinar la distancia a la que se encuentra

ralentizar *v.* hacer más lenta una actividad o proceso

ramales *s. m.* canales o conductos que salen de uno principal

rastrear *v.* seguir una huella o señal

rendimiento *s. m.* fruto o utilidad de algo en relación al costo o esfuerzo para obtenerlo

represas *s. f.* barreras para impedir el paso del agua en un río o un lago

reservorio *s. m.* lago artificial; lugar natural o artificial donde se recoge y se conserva el agua

secretado *v.* producido o segregado

selva *s. f.* terreno con vegetación densa y muchas especies de plantas y animales, típicas de un clima cálido y lluvioso

severidad *s. f.* con gran intensidad

simbióticamente *adv.* en una relación mutuamente beneficiosa

sistema de base decimal *s. m.* sistema numérico que utiliza como base el número 10 y permite formar todos los números que existen

sistema regenerativo *s. m.* método que aprovecha el equilibrio ecológico de la naturaleza para mantener poblaciones saludables y en balance

solsticios *s. m.* las dos veces al año cuando el sol alcanza su punto más alto o más bajo en el cielo, marcado por el día más largo y el más corto

sonda *s. f.* vehículo espacial no tripulado

soportes *s. m.* lo que se utiliza para sostener o apoyar algo

subproductos *s. m.* residuos

subterránea *adj.* que está bajo tierra o por debajo de la superficie terrestre

suministro *s. m.* provisión; abastecimiento

superestructura *s. f.* estructura compleja que incluye otras estructuras menores

tecnología inteligente *s. f.* sistema controlado por computadoras, capaz de responder a cambios del entorno para establecer las condiciones óptimas de funcionamiento sin intervención humana

tornados *s. m.* tormentas ciclónicas intensas

transcontinental *adj.* que atraviesa un continente

turbina *s. f.* rueda con aspas que recibe el flujo del agua

vanguardia *s. f.* en la primera posición o adelantado a los demás

vegetación *s. f.* grupo de plantas

vía fluvial *s. f.* por el río; relativo al río

vulnerables *adj., m. y f.* expuestas o indefensas

Expresión escrita

En tu investigación, identifica los datos más importantes y toma notas. Luego escribe una composición para responder a las preguntas. Recuerda organizar la información en orden lógico y redactar las oraciones con mucho cuidado.

Recuerda, una buena composición debe

- introducir el tema.
- estar bien organizada en párrafos.
- seguir un orden lógico para presentar los detalles.
- incluir una conclusión.
- usar un lenguaje claro.
- seguir las reglas de ortografía, gramática y puntuación.

Rúbrica de expresión escrita

Nivel 4 Sobresale

Contesta las preguntas completamente. Usa oraciones complejas, compuestas, y con bastantes detalles y descripción.

Nivel 3 Convence

Contesta las preguntas casi completamente. Usa oraciones completas con algo de complejidad y con suficientes detalles.

Nivel 2 Aborda

Contesta las preguntas de manera limitada. Usa oraciones simples con pocos detalles.

Nivel 1 Intenta

Intenta contestar las preguntas con oraciones incompletas, sin elaboración o detalles.

Lista de palabras cognadas

Las palabras cognadas son muy fáciles de recordar. Se parecen mucho a palabras en inglés y tienen un significado muy cercano o idéntico tanto en español como en inglés. Las palabras cognadas tienen generalmente el mismo origen o raíz en otros idiomas, como el latín o el griego. Se les llama palabras cognadas *perfectas* a aquellas que tienen exactamente la misma ortografía. La mayoría de las palabras cognadas que no son *perfectas* tienen variaciones en la ortografía para seguir las reglas de sus idiomas.

Ejemplos de palabras cognadas *perfectas*:

- animal
- central
- gas

Ejemplos de palabras cognadas que no son *perfectas*:

- clasificación (español)– *classification* (English)
- familia (español)– *family* (English)
- teléfono (español)– *telephone* (English)

También hay que tener cuidado con las palabras cognadas *falsas*. Estas son palabras que tienen la misma o parecida ortografía, y quizás también el mismo origen lingüístico, pero que tienen distinto significado en sus respectivos idiomas.

Ejemplos de palabras cognadas *falsas*:

- *exit* (salida)– éxito (*success*)
- *idiom* (modismo)– idioma (*language*)
- *embarrassed* (avergonzado/a)– embarazada (*pregnant*)

Las siguientes listas de palabras cognadas son las que aparecen en cada módulo en tu cuaderno de *Destrezas integradas*.

Módulo 1

agencia	dirección	generaciones
atmósfera	educación	hidroeléctrico
bicicletas	espacial	humanidad
biplano	estación	impacto
cables	estructura	incremento
canales	excavaciones	industrial
cápsula	expansión	información
cartografiar	experimentos	ingeniería
compañías	exploración	ingenieros
construcción	explorar	invención
control	exponentes	logaritmos
cosmonauta	fluvial	matemáticas
dique	funciones	método
	galaxia	militares

misión
mitigación
monumentos
naciones
navegables
nuclear
obstáculos
océanos
órbita
orbitar
ozono
pilotos
planetas
primaria
procesos
productos
programa
propulsión
resistente
responsable
revolución
secundaria
simples
sistema
sonda
superestructura
técnicas
tecnología
televisión
territorio
transcontinental
transportación
transporte
trigonométricas

Módulo 2
abundante
archipiélago
artificial
calcular
cálculos
carbón
cascada

circulares
climáticos
comparación
constantemente
consumía
cooperativos
descompone
ecuador
electricidad
eminente
endémico
energía
especie
estratégico
experimentó
exploradas
exploradores
extinto
extraer
extrema
fauna
flora
fósiles
gases
generador
geografía
glaciares
gravedad
hidráulica
kilogramos
kilómetros
latitud
longitud
manualmente
marinos
masiva
megavatios
metal
metano
métodos
metros
migración
millas

movimiento
negativo
pinnípedos
producción
región
reservorio
residuos
similar
solar
sostenible
subproductos
temperatura
tipo
tóxicos
turbina
turistas
vegetal

Módulo 3
actividad
activos
acuáticas
administradas
animal
aproximadamente
áreas
biológicas
capacidad
características
carnívoro
cautividad
centros
concreto
conecta
conservar
consorcio
creación
distantes
efectivamente
especial
estabilidad
estimularán
extinción

extinguieran
factores
fase
favorables
felino
genética
geológica
hábitat
humana
ibérico
implementación
individuos
infraestructura
inteligente
internacional
líder
mecanismo
mediterráneo
modernidad
modifican
movilidad
nocturnos
núcleos
ocasiones
organización
península
porcentaje
presencia
problemas
programas
protección
provincia
proyectos
puntualidad
reducción
reintroducir
reportaron
reproducción
reproductora
resultados
sísmicos
situaciones
solitario

superior
túnel
variedad
vehículos
velocidad
zonas

Módulo 4
acidez
aire
algas
alternativas
altitud
atmosférica
biólogos
caribeña
categoría
ciclo
ciclónicos
científicos
civiles
climáticos
comunidades
condensación
constante
contaminación
convergentes
coral
creativas
décadas
decoloración
denso
desastres
destruir
deterioro
devastación
ecosistemas
efectos
energía
estructura
exterior
fenómeno
fragmentos

fricción
funciones
genéticos
grupos
huracanes
impacto
investigación
líquido
marinos
meteorólogos
moléculas
naturales
organismos
oxígeno
pólipos
posibilidad
precisas
prevenir
radares
relación
secretado
severidad
simbióticamente
soluciones
tornados
tropicales
turismo
vulnerables

Módulo 5
acueductos
acuífera
arquitectos
atómicos
átomos
benefician
capital
ceremonias
conceptos
conductos
contribuido
curiosidad
decorativo

demanda
descendencia
descendente
director
distinciones
elemento
existencia
familia
fotones
geométricas
impulso
instituciones
intelectual
introducir
investigador
láser
legislación
litros
medieval
modestamente
navegación
palacios
persecuciones
pionero
plantas
poemas
preciso
públicos
recolectarla
religiosas
romanos
sultán
superficial
trayectoria

Módulo 6
acceso
afecta
agricultura
atlántica
biodiversidad
cafeterías
coexisten

combinación
conexión
deforestación
destrucción
ecológicos
economía
estilo
exportación
fértiles
frutas
funcionales
imaginar
inclinación
industria
innovación
innovador
insectos
interactúan
machete
mapa
materiales
moderno
monocultivo
nitrógeno
nutrientes
permacultura
pesticidas
plagas
plantación
productos
regenerativo
requiere
restaurantes
sectores
vanguardia
vegetación
volcánicos

Módulo 7
adoptaron
africanas
americanas
aritmética

arqueólogos
artes
artesanos
artísticas
astronomía
base
calendario
cemento
cero
civilización
comunicaciones
conectar
creaciones
creatividad
culturas
diagonales
disciplinas
era
erosión
escultores
europeas
evolución
expertos
extracción
extracto
geometría
habilidad
hematita
históricos
improvisar
influencias
interiores
irrigar
jade
limitada
lítico
minerales
múltiplos
necesidad
numérico
obsidiana
orgánicas
ornamentación

Mapas de regiones

Módulo 1 Región: Estados Unidos de América

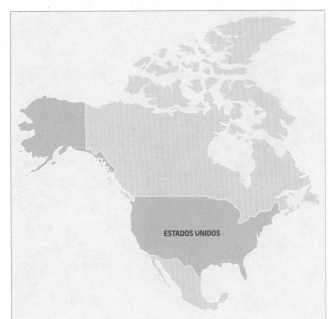

Módulo 2 Región: Suramérica Austral

Módulo 3 Región: España

Módulo 4 Región: El Caribe

Módulo 5 **Filipinas, Guinea Ecuatorial, la comunidad sefardí y otras comunidades**

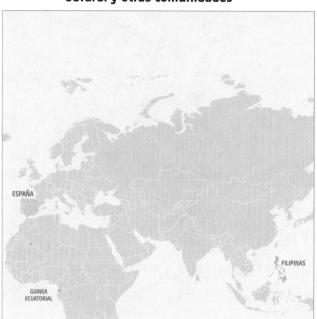

Módulo 6 **Región: Centroamérica**

Módulo 7 **Región: México**

Módulo 8 **Región: Suramérica Norte**